KB043193

자활사업과
지역화 실천

자활사업과 지역화 실천

초판 발행 2010년 2월 22일

저 자 | 한국지역자활센터협회

펴낸곳 | 사회복지전문출판 나눔의집
펴낸이 | 박정희
주 소 | 서울시 구로구 구로3동 222-7번지
         코오롱디지털타워빌란트 1차 703호
전 화 | 02-2103-2480
팩 스 | 02-2103-2488
www.ncbook.co.kr

값 15,000원
ISBN : 978-89-5810-188-8 93330

자활사업과
지역화 실천

한국지역자활센터협회 편

나눔의집

이 연구는 대한생명이 한국지역자활센터협회와 맺은 '건강한 일자리 만들기와 자활사업 지원을 위한 협약'에 따른 지원으로 이루어졌음.

책을 펴내며

    자활사업이 한국에 등장한 것이 1996년이니, 어느덧 15년의 세월을 역사로 갖는다. 10년이면 강산도 변한다고 했으니 강산이 한 번 변하고 두 번째 변하는 고개를 넘은 셈이다. 그러나 사회의 변화는 강산의 변화보다도 더 빠르고 그 충격도 크지 않나 싶다. 무엇보다 자활사업이 등장하기 전에는 신자유주의, 양극화, 신빈곤, 사회적 배제, 복지 정책, 사회적 기업, 사회서비스, 기업사회공헌과 같은 개념들이 존재하지 않았거나 사회 구성원들의 뇌리 속에서 차지하는 의미가 매우 미미했었다. 그러나 지금 이 개념들이 우리 사회에서 차지하는 비중은 매우 크다. 어쩌면 후세는 이들을 대한민국의 20세기 마지막에서 21세기 초입을 대표하는 상징으로 생각할지도 모른다.

    물론 자활사업은 이 개념들과 매우 밀접한 관계에 있다. 그런 의미에서 자활사업은 사회 구성원들의 인식과는 무관하게 20세기 마지막에서 21세기 초입에 이르는 시기에서 대한민국 역사의 중요한 일부분일지도 모른다.

    언뜻 자활사업은 정부 복지 정책의 한 부분에 불과하다. 그러나 자활사업은 20세기 마지막에서 21세기 초입에 이르는 시기 대한민국의 빈곤 정책에서 핵심적인 역할을 했다. 또한 한국에서 정부와 민간의 파트너십이 조직적으로 실험된 거의 초창기 사례이다. 초창기 자활사업을 주도했던 이들은 정부와의 협력을 통해 생산·나눔·협동이라는 이념과 가치가 내 한민국에서 실현될 수 있기를 바랬다. 초창기 자활사업의 이념과 가치는 15년이라는 시간의 흐름 속에서 선명함은 다소 퇴색되었을지 몰라도 여전히 지역자활센터들에게서 수용되는 나침반으로 작동한다.

이 책은 자활사업이 정부 복지 정책의 한 부분을 넘어서 이념과 가치를 실현하는 생동하는 활동임을 지역자활센터의 사업 운영을 사례로 해서 보여주고자 했다. 지역자활센터는 초기부터 생산·나눔·협동의 이념과 가치를 지역 속에서 실현하고자 했다. 그러나 한 때 당연하게 여겨졌던 이념과 가치가 현장에서 어떻게 적용되어야 하는지에 대한 지역자활센터 내부의 궁금증이 시간을 거듭할수록 커졌다. 이런 현상은 역사적으로 전승되어 온 이념과 가치는 추상적인데 반해, 정부 복지 정책의 한 부분이라는 제도적 성격은 매우 현실적이기 때문이었다. 이런 와중에서 구체적으로 생산·나눔·협동의 이념과 가치를 지역 속에서 실현하는 것이 무엇인지에 대한 상(像)이 지역자활센터들에게 제시되어야 한다는 목소리가 높아져갔다. 이른바 자활의 지역화에 대한 문제제기였다. 한국지역자활센터협회는 현장의 이와 같은 욕구에 답하고자 했고, 한국지역자활센터협회의 부설기구인 자활정책연구소는 이 책을 현장의 욕구에 대한 답으로 마련했다.

자활정책연구소는 지역자활센터들의 욕구에 대한 답을 찾기 위해 사례연구를 방법론으로 채택했다. 그래서 지역자활센터들을 조사하고 이를 기반으로 시사점을 제공해줄 수 있는 내용을 추출했으며, 이를 개념화해 최종 결과를 도출하는 방식을 택했다. 그리고 끝 부분에는 일정한 모델을 제시했다. 물론 이 모델은 각 지역에서 창조적으로 적용되어야 하며, 이는 온전히 각 지역자활센터들의 몫이다.

이 책은 사례연구를 방법론으로 채택했기 때문에 지역자활센터들이 사업 운영 속에서 어떤 고민을 하고, 어떻게 사업을 조직하는지를 생생하게 읽을 수 있는 기회를 제공한다. 게다가 지역자활센터의 성격이나 지역화와 관련한 이론적 내용들을 간단하게나마 실어 지역자활센터 실무자가 아니더라도 자활사업에 관심을 갖고자 하는 이들도 쉽게 접근할 수 있도록 했다.

이 책은 저자 3인과 연구를 도와준 분들의 공동 작업의 산물이다. 최종 집필은 김정원이 맡았지만, 조사의 기획과 인터뷰는 김정원과 김은주가 공동으로 했다. 이문국은 2장 1절과 5장 2절의 얼개를 짰다. 내용의 전반적인 점검은 3인이 공동으로 했다. 저자는 3인이지만 함께 했던 이들은 더 많다. 자활정책연구소의 이선민 연구원과 이귀진 전 연구원, 그리고 조여은 전 연구보조원 등은 녹취록을 작성해주었다. 또한 바쁘신 가운데도 인터뷰에 응해주신 지역자활센터의 관계자들이 없었다면 이 책은 나올 수 없었다. 연구에 관심을 기울여 주시고 격려해주신 한국지역자활센터협회의 이병학 협회장님, 한국지역자활센터협회 부설 자활정책연구소가 운영될 수 있도록 후원을 해 준 대한생명에게도 감사를 드려야 한다. 흔쾌히 이 책을 출판하기로 결정한 도서출판 나눔의집에게도 감사드린다.

2010년 1월 20일
연구팀을 대신하여
김정원

차 례

CONTENTS

표 목차

그림 목차

I

자활사업에서 지역화 전략 수립의 필요성

1. 지역화 전략 수립의 필요성에 대한 문제 제기

1996년에 5개의 자활지원센터가 지정되면서 시범사업으로 출발한 자활사업에서 지역자활센터는 2009년 12월 현재 전국에 242개소가 운영 중인 핵심적인 인프라이다. 한국에서 자활사업은 흔히 정부의 사회복지정책의 일환으로 인식된다. 이러한 인식이 틀린 것은 아니나, 전적으로 맞는 것도 아니다.

자활사업은 국민기초생활보장법에 명시된 정부의 사회복지정책이다. 그러나 자활사업의 핵심 인프라인 지역자활센터는 민간 부문의 비영리조직이다. 그래서 사회복지정책의 전달체계로서 규격화된 틀이 존재하지만 지역자활센터가 이 틀의 범위 내에서만 업무를 수행하는 것은 아니다. 민간 부문의 비영리조직으로서 지역자활센터의 창의적이고 자발적인 사업 운영이 존재한다.

이런 가운데 최근 지역자활센터들에게 있어 지역화가 화두로 떠오르고 있다. 지역자활센터는 기본적으로 특정 지역에 위치해서 해당 지역의 가난한 주민들을 조직해 이들에게 노동 기회를 제공하고 이들의 생산 활동을 바탕으로 지역에 재화와 서비스를 공급한다. 또한 지역자활센터가 운영하는 각종 프로그램은 종종 지역의 각급 시민조직과의 연계를 통해서 수행된다. 지역자활센터의 사업 운영에 필요한 재정 중 일부는 지방자치단체에 의해 제공된다. 이러한 점들은 지역자활센터가 지역이라고 하는 공간이 지니고 있는 특성으로부터 자유로울 수 없음을 의미한다. 그래서 지역자활센터에게 있어서 지역은 항상 활동의 상수로서 자리매김할 수밖에 없다.

이처럼 지역의 조직일 수밖에 없는 지역자활센터들이 새삼스럽게 지역화에 대한 고민을 하고 있다. 왜, 지금 지역화인가? 최근 신자유주의적 세계화가 가져오는 문제점들에 대한 대안을 모색하는 여러 세력들이 '지역활성화', '마을 만들기', '지역공동체 복원', '지역화' 등등의 용어를 통해서 '지역'이 지니는 가치에 주목하고 '지역'에서 신자유주의적 세계화에 대한 대안을 찾으려 한다. 이들의 문제의식들은 대체로 "전지구적으로 사고하고, 지역적으로 행동한다(Think Globally, Act Locally)"라는 구호로 집약된다. 이런 점으로 볼 때 일반적으로 지역화에 대한 고민은 신자유주의적 세계화에 대한 대응과 결부되는 의미를 갖는다 하겠다.

흥미로운 것은 지역자활센터들이 신자유주의적 세계화에 가장 취약한 집단인 지역의 가난한 주민들을 사업대상으로 함에도 불구하고 그간 신자유주의적 세계화가 지니는 문제에 대해 조직적으로 강한 목소리를 낸 적이 없다는 것이다. 그러면, 지금 지역화에 대한 지역자활센터들의 고민은 이제 지역자활센터들이 신자유주의적 세계화에 대해 고민하고 이에 대한 저항을 조직하기 위한 모색을 시작했음을 의미하는 것일까? 분명한 것은 아직까지 지역자활센터들이 신자유주의적 세계화에 대한 목적의식적인 저항의 조직화를 모색하고 있지는 않다는 것이다.

그러나 지역자활센터들이 '지역화'에 대한 고민을 한다는 것은 바람직하다. 최소한 지난 사업 운영에 대한 반성이 여기에는 존재하고, 그 돌파구를 고민한다는 증거이기 때문이다. 지역자활센터는 지역의 조직으로서 지역의 가난한 주민들을 조직해 사업단을 운영하고 가난에서 벗어날 수 있도록 지원하는 역할을 한다. 이러한 역할을 제대로 하기 위해서는 지역의 상황에 부합하는 사업 아이템을 개발하고 지역의 각종 사회적 자원과 결합하며, 지역에서 영향력 있는 조직으로서 역할을 해야 한다.

그러나 지역자활센터의 자활사업을 보면, 오래 전에 자활사업을 빠른 시일 내에 확산시키기 위해 기획되었던 5대 표준화 사업[1]이 여전히 중요한 비중을 차지한다. 또한 지역의 각종 사회적 자원을 조직해 자활사업의 성

---

[1] 5대 표준화 사업은 2002년에 정부가 5가지 사업을 전국표준화자활사업으로 규정한 것을 말한다. 각 사업은 무료간병인사업, 음식물재활용사업, 집수리도우미사업, 청소사업, 폐자원재활용사업이다. 이 중 음식물재활용사업을 제외한 나머지 사업은 여전히 지역자활센터의 자활사업에서 큰 비중을 차지한다.

과에 결합시키기보다는 보조금이라는 정부의 지원 방식에 크게 의존하는 사업 양태가 주를 이룬다. 사회적 자원을 효과적으로 조직하기 위해서는 지역 내 각 집단과 주고받는 교류를 활성화시켜 신뢰와 영향력을 확보해야 하나, 정부의 사업을 중심으로 활동이 제약되면서 이러한 성과를 만들어 내지 못했다.

또한 지역자활센터의 인력과 예산은 상당한 규모이다.[2] 이는 지역에 미

〈표 1-1〉 지역별 지역자활센터 현황(2008. 11. 30 현재)

지역	기관 수	참여자(명)			사업단(개)		
		계	수급자	차상위·일반	계	자활사업단*	자활공동체
서울	31	3,141	1,610	1,531	366	227	139
부산	18	2,075	1,222	853	247	164	83
인천	11	1,317	750	567	137	95	42
대구	8	1,053	608	445	136	82	54
대전	4	709	324	385	69	33	36
광주	8	1,192	700	492	124	72	52
울산	5	433	172	261	57	36	21
경기	32	3,459	1,362	2,097	347	223	124
강원	15	1,460	546	914	170	119	51
충북	12	1,313	419	894	153	98	55
충남	15	1,455	469	986	168	123	45
전북	18	2,164	979	1,185	211	145	66
전남	21	1,974	621	1,353	250	171	79
경북	20	2,294	877	1,417	247	169	78
경남	20	2,213	730	1,483	235	175	60
제주	4	439	202	237	50	30	20
계	242	26,691	11,591	15,100	2,967	1,962	1,005

자료 : 중앙자활센터 내부자료 참조 구성. 자활정책연구소(2009)에서 인용.
* 자활사업단의 숫자는 자활근로사업단, 사회서비스 사업단, 기타 사업단을 합친 숫자임.

한편, 집수리도우미사업은 2010년부터 주거복지사업으로 명칭이 바뀌며, 폐자원재활용사업은 오래 전부터 현장에서 자원재활용사업으로 지칭했다. 무료간병인사업은 이후 사회서비스 전자바우처 사업이나 노인장기요양보험제도의 출현에 크게 기여했다.

2 지역자활센터는 2009년 현재 유형에 따라 최소 121,200천원에서 193,290천원을 운영보조금으로 지원받는다. 이밖에 자활근로사업 운영에 따른 사업비 지원이 있으며, 많은 지역자활센터들이 사회서비스 전자바우처 사업이나 노인장기요양보험제도에 참여해 서비스를 공급한다. 물론 이 재원들은 정해진 목적에 따라 집행되기 때문에 운영의 제약이 크다. 그러나 지역자활센터들이 각 지역에서 비영리조직 치고 상당히 큰 규모의 인력과 예산을 운영하는 것은 분명하다.

칠 잠재적 영향력이 큼을 의미한다. 그러나 대부분의 경우 지역 내 각급 시민조직들과 비교해서 지역 내 위상이 적다. 가지고 있는 잠재력을 제대로 발휘하지 못하는 셈이다.

다행인 것은 이런 일련의 상황들이 지역자활센터의 사업 운영을 정체시키고 있음에 대한 반성이 지역자활센터 내부로부터 확산되기 시작했다는 것이다. 반성은 항상 새로운 도약의 디딤돌이었다. 실제, 이미 일부 지역자활센터들은 이런 상황을 돌파하기 위한 중요한 실천들을 오래 전부터 조직해왔다.[3] 그러나 이런 활동들이 드문드문 알려졌을 뿐 공론의 장에서 전체 지역자활센터들에게 제시되고 평가되지는 못했다. 게다가 지역화에 대한 문제의식이 각 지역자활센터마다 다양하다. 즉, 서로 다른 지역화를 이야기하는 경향이 엿보인다. 이런 상황을 방치하면, 자칫 현장의 사업 운영에 혼란을 가중시킬 수 있다. 따라서 지역자활센터에게 지역화는 무엇이며, 바람직한 지역화 경로는 무엇인지 합의를 도출하는 게 필요하다.

이런 점들을 고려한다면, 지금 필요한 것은 다음과 같다. 첫째, 지역자활센터들에게 지역화란 무엇인지에 대한 합의가 도출되어야 한다. 둘째, 지역화와 관련된 시사점을 찾을 수 있는 사례들을 분석하고 전파해야 한다. 셋째, 지역자활센터에게 적용될 수 있는 지역화 전략의 실천 방법이 제시되어야 한다.

이 책은 이러한 필요성을 바탕으로 다음과 같은 목적을 갖는다.

첫째, 지역자활센터의 지역화에 대한 개념을 제시한다.

둘째, 각 지역자활센터들에게 시사점을 제공해줄 수 있는 사례를 찾고 분석한다.

셋째, 지역자활센터의 지역화 전략 수립을 위한 실천 모델을 제시한다.

---

3 비록 제한적이기는 하지만 이 책에서 소개되는 사례들이 대표적이다.

2. 책의 내용

이 책은 다음과 같은 내용으로 구성되었다.

제1장에서는 서론으로 자활사업에서 지역화 전략 수립의 필요성을 제기하고 책의 내용을 소개한다.

제2장에서는 지역자활센터에게 있어서 지역화란 무엇인지를 짚어본다. 이를 위해 지역자활센터의 성격과 지역화와 관련한 이론적 논의를 살펴보고 이를 바탕으로 지역자활센터에게 있어서 지역화란 무엇인지를 정의한다. 이 부분은 지역자활센터들이 지역화를 바라보는 시선을 정립하는데 도움을 줄 것이다.

제3장은 연구 및 사례기관들의 개요를 소개한다. 여기에서는 먼저, 연구 대상 및 방법을 소개해 연구가 어떻게 진행되었는지를 제시하고 이어서 사례기관들의 지역화 실천을 개괄적으로 소개한다.

제4장은 사례기관들을 분석한 결과를 제시한다. 여기서는 다양한 사례기관들에 대한 분석을 통해서 공통적으로 나타나는 점들을 추출한 후 사례기관들의 지역화 실천에서 나타나는 목표와 행위, 그리고 결과물을 정리한다. 이를 통해 지역자활센터의 지역화 전략 수립을 위한 실천 모델을 정립해보려 한다. 이 부분은 지역화와 관련해 시사점을 제공해줄 수 있는 생생한 사례들을 접할 수 있으며, 그런 가운데서도 일맥상통하는 지점들을 파악하는데 도움을 줄 것이다.

제5장은 이 책의 연구 결과를 요약 및 평가하고 정책적인 제언으로서 지역자활센터의 지역화 전략 실천 모델을 제시한다.

II

지역자활센터와 지역화

1. 지역자활센터의 성격

지역자활센터는 복합적인 성격을 갖는다. 이를 크게 전달체계의 일환으로서의 성격과 민간부문의 한 주체로서의 성격으로 구분할 수 있다. 전달체계의 일환으로서 지역자활센터는 국민기초생활보장법이라는 특정 법에 근거한 조직이다. 민간 부문의 한 주체로서의 지역자활센터는 사회운동을 역사적 기반으로 하면서 기초생활보장 수급자 등 노동시장 진입에 어려움을 겪는 이들이 고용되어 있는 지역의 비영리조직이다.

1) 정부 정책의 전달체계로서 지역자활센터

지역자활센터는 국민기초생활보장법에 근거한 조직이다. 국민기초생활보장법 제16조에 의하면, '자활의욕 고취를 위한 교육', '자활을 위한 정보제공 · 상담 · 직업교육 및 취업알선', '생업을 위한 자금융자 알선', '자영창업 지원 및 기술 · 경영지도, '자활공동체의 설립 · 운영지원, '기타 자활을 위한 각종 사업' 이 지역자활센터의 사업이다. 지역자활센터는 보장기관이 지정한다. 보장기관은 중앙정부 및 지방정부를 일컫는다. 보장기관은 지역자활센터를 지정할 뿐 아니라 관리 및 감독하며, 또한 위와 같은 사업이 가능하도록 지원을 한다.

한편, 정부는 지역자활센터의 목적으로 두 가지를 명시하고 있다(보건복지가족부, 2009) 첫째는 근로능력 있는 저소득층에게 집중적 · 체계적인 자활지원서비스를 제공함으로써 자활의욕 고취 및 자립능력 향상을 지원하는 것이며, 둘째는 기초수급자 및 차상위계층의 자활 촉진에 필요한 사업을 수행하는 핵심 인프라로서의 역할을 수행하는 것이다.

이런 규정을 중심으로 지역자활센터를 바라보면 다음과 같은 성격을 갖

는다. 첫째, 지역자활센터로서의 제도적 자격 취득인 '지정'과 그 이후 조
직 및 사업 운영에 대한 '관리 · 감독', 그리고 '지원'이 정부의 몫이다. 따
라서 지역자활센터는 정부의 지원과 통제를 받는 조직이다.

둘째, 지역자활센터가 조직하는 사업의 참여자들은 정부에 의해 지정
된 기초생활보장 수급자 및 차상위 계층이다. 이들은 특정 시점에서는 실
업자이며, 대체로 일반 노동시장에서 경쟁력을 갖기 어려운 이들이다. 따
라서 지역자활센터는 노동시장에서 배제된 이들의 자활을 도모하는 조직
이다.

전달체계로서 지역자활센터의 성격을 정리하자면 다음과 같다. 지역자
활센터는 정부의 목적 사업을 수행하는 조직으로 활동 내용은 노동시장에
서 배제된 빈곤층이 자활을 도모할 수 있도록 서비스의 제공이며, 이런 활
동을 하는 과정에서 정부의 지원과 통제를 받는다.

2) 민간 부문의 한 주체로서 지역자활센터

① 비영리조직으로서 지역자활센터

시민사회 내에서 영리를 추구하지 않고 공공의 목적에 봉사하거나 조직
구성원의 공동의 이익을 추구하는 조직을 비영리조직이라고 한다(박상필,
2005). 지역자활센터는 정부의 복지 정책을 수행하면서 보조금을 받지만
시민사회 내 조직으로서 노동시장에서 배제된 빈곤층의 자활을 도모하는
공공의 목적을 지니고 있으면서 비영리적인 활동 방식을 지니고 있다. 따
라서 지역자활센터는 비영리조직이다.

지역자활센터는 비영리조직이지만 정부의 사회복지 전달체계로서의
활동을 수행하고 이에 따른 지원을 받는다. 비영리조직이 정부의 복지 정
책에 참여하는 것은 한국만의 특수한 상황이 아니라 전세계적인 현상이

다.[4] 그러나 정부의 지원은 필연적으로 정부에 의한 통제를 수반할 수밖에 없다. 시민사회 내에 위치한 민간 부문의 한 주체로서 비영리조직이라는 조직적 특성과 활동 과정에서 수반되는 정부의 지원과 통제는 자연스럽게 '활동의 자율성'을 놓고 지역자활센터와 정부 간에 긴장과 갈등을 야기한다.

한편, 비영리조직인 지역자활센터는 노동시장에서 배제된 빈곤층의 자활을 도모하기 위한 활동 과정에서 자활사업단이 공공의 이익에 기여하는 것에 대한 고민을 한다. 예를 들어 많은 영농사업단들이나 식자재를 활용하는 사업단들은 로컬푸드(local food)에 대한 고민을 한다. 주로 남성들이 많이 참여하는 집수리사업단은 오래 전부터 주거복지라는 개념을 도입해 결국은 정착시켰다. 나아가 얼마 전부터는 에너지 복지라는 개념을 도입하는 등 집수리사업단의 가치는 계속 변화하고 있다. 처음에는 폐자원 재활용사업이었던 자원재활용사업은 환경운동으로서의 가치를 부여한다. 지역자활센터는 한국의 사회서비스의 공급에서도 선도적이었다.

공공의 이익에 기여하는 것에 대한 고민은 사업단의 활동 내용에만 국한되지 않는다. 많은 지역자활센터들의 사업 운영에서 공동체적 경제조직의 지향, 자활사업 참여자에 대한 권한 부여[5], 자활사업 참여자가 운영하는 주민자치조직의 결성 등이 나타난다.[6] 이는 제도에 명시된 것은 아니다. 그러나 지역자활센터들은 이러한 활동이 빈곤층이 갖는 문제를 해결하는

---

4 비영리조직들이 정부의 복지 정책에 참여하는 것은 복지공급의 주체가 다원화되는 것을 의미하는데, 이를 복지다원주의 또는 복지혼합이라고 한다. 다만, 정부의 정액보조를 받으며, 전국 대부분의 기초자치단체에서 활동하는 한국의 지역자활센터는 세계적으로 독특한 사례이다.
5 권한 부여는 때로 empowerment의 번역어로 사용되기도 한다. 그러나 empowerment는 역량 강화로 번역하는게 맞으며, 권한 부여는 역량 강화를 위한 활동의 일부이다. 이 책에서 필자들은 역량 강화를 지역화 전략 수립에서 전술적 실천으로 설정한다.
6 이 부분은 뒤의 '사회운동을 역사적 기반으로 하는 지역자활센터'가 갖고 있는 의미와도 결합되는 부분이다. 비영리조직으로서 공공의 목적에 기여하는 것에 대한 모색이 구체적인 형태로 드러나는 지점은 가치와 결합될 수 있는데, 지역자활센터에게서 이 가치는 사회운동이라는 역사성과 밀접한 관계에 있다고 본다. 한편, 지역자활센터의 이러한 활동에 대해서는 김정원(2008)을 참조하시오.

데 매우 중요하다고 생각해 자발적으로 수행한다.

② 사회운동을 역사적 기반으로 하는 지역자활센터

비영리조직이 정부 복지정책의 전달체계로서 역할을 하는 것은 한국에서는 그리 새삼스런 일은 아니다. 한국전쟁 이후 외원단체(外援團體)의 진출에 의해 사회복지서비스가 공급되기 시작하면서 한국은 오랫동안 비영리조직들이 복지공급에서 주요한 역할을 맡아왔다. 그러나 지역자활센터의 경우는 한국에서 오랫동안 나타났던 민간 부문의 복지공급 주체들과는 다른 성격을 지닌다.

지역자활센터의 역사적 뿌리는 도시빈민지역운동에서 진행된 생산공동체운동과 지역 노동운동에서 진행된 노동자협동운동이다(김홍일, 2002). 지역자활센터는 1990년대에 이 운동을 전개하면서 활성화 방안을 모색하던 이들과 새로운 빈민정책을 모색하던 정부와의 이해관계가 맞물려 시범사업으로 출발했다. 이후 외환위기 과정에서 실업 및 빈민운동의 기반 확대를 모색하던 사회운동진영과 실업 및 빈곤정책의 확대를 모색해야 하던 처지에 놓여있던 정부의 이해관계가 맞물리면서 정부 빈곤정책의 인프라로 자리매김을 했다.[7]

지역자활센터들의 결집체인 (사)한국지역자활센터협회(이하 '협회')는 정관에 "생산·협동·나눔의 이념과 정신을 기반으로 저소득 주민의 자활자립을 지원하는 지역자활센터의 균형적 발전을 도모하여 인간의 가치가 우선하는 생산적이고 창의적인 사회를 만들어 가는데 기여함을 목적으로 한다."고 밝히고 있다. 여기서 생산·협동·나눔의 이념과 정신은 바로 지역자활센터의 제도화를 추진했던 사회운동세력이 추구했던 가치이다.

---

7 이 과정에 대해서는 김수영(2006), 신명호(2006), 김정원(2008)에 비교적 자세히 서술되어 있다.

생산은 일하는 자의 중요함을 강조하고 있는 것으로 이해할 수 있으며, 나눔과 협동은 활동의 지향이 공동체성의 함양임을 의미한다. 이것을 '일하는 자들의 연대가 창출하는 자율적 보호망('民[8]의 자율적 보호망')의 구축'이라고 정의할 수 있을 것이다. 그래서 지역자활센터들은 오랫동안 이러한 문제의식을 현장에서 실현하기 위한 고민들을 해왔다. 앞에서 제기한 공동체적 경제조직의 지향, 자활사업 참여자에 대한 권한 부여, 자활사업 참여자가 운영하는 주민자치조직의 결성 등이 바로 그것이다.

한편, 생산·협동·나눔의 이념과 정신은 대안경제와 연결되는 부분이기도 하다. 실제 협회는 상당기간 동안 생활공동체나 지역공동체운동의 현장을 탐방하는 교육을 진행했으며, 한국에서 사회적 일자리와 마이크로크레딧(micro-credit), 사회적 기업 등을 추진했던 가장 핵심적인 세력이 지역자활센터 및 관련 인사들이었다.[9]

③ 지역 조직으로서 지역자활센터

지역자활센터는 이름 그대로에서 나타나듯이 지역의 조직이다. 지역자활센터는 특정한 지역에 위치해있고, 지역자활센터의 각 사업 참여자는 지역자활센터가 위치한 지역의 주민이다. 그리고 지역자활센터는 사업 운영 속에서 지역 내 다양한 조직 및 개인과 연계를 맺는다. 이는 지역자활센터들의 활동이 지역의 인구사회학적 특성, 제도적 특성, 경제적 특성, 문화적 특성, 정치적 특성 등에 영향을 받을 수밖에 없음을 의미한다.

지역자활센터가 지역으로부터 영향을 받기만 하는 것은 아니다. 지역자활센터의 활동은 해당 지역에 상당한 영향을 미친다. 지역자활센터 재정

---

8 民은 통치받는자를 뜻한다(진노 나오히코, 2007). 그래서 '民의 자율적 보호망'은 통치받는 자들이 자신들을 지켜가기 위해 스스로 공동체적인 네트워크를 구축하는 것을 말한다.
9 이러한 활동에 대해서는 김정원(2008)에서 비교적 자세히 살펴볼 수 있다.

의 상당부분은 지방정부가 아닌 중앙정부가 출처이다. 특히 서울 외 지역은 중앙정부가 재정의 대부분을 부담한다. 또한 지역의 빈곤층들은 지역자활센터의 사업에 참여해서 수입을 발생시킨다. 그리고 이렇게 발생된 수입은 주로 지역에서 소비된다.[10] 그리고 지역자활센터의 사업 중 상당수는 지역에 사회서비스를 공급하며, 사업의 조직 과정에서 새로운 아이템을 통해 지역에 필요로 하는 일자리를 창출한다. 뿐만 아니다. 지역자활센터의 사업 운영 속에서 형성되는 관계망은 지역의 빈곤층에게 지원을 하는 관계망이기 때문에 지역자활센터의 활발한 지역 활동은 지역의 사회적 자본(social capital)[11]을 함양시킨다.

이처럼 지역자활센터는 지역의 제반 특성으로부터 영향을 받기도 하지만 지역의 경제나 사회복지, 시민들의 삶에 다양한 영향을 미친다. 따라서 지역자활센터의 활동에서 지역은 항상 상수로 자리매김할 수밖에 없다.

④ 고용조직으로서 지역자활센터

지역자활센터는 고용조직으로서의 성격을 갖는다. 지역자활센터의 사업 참여자와 지역자활센터의 관계는 공식적으로 고용-피고용 관계이다. 지역자활센터의 사업에 참여하는 빈곤층들은 이미 독립적인 사업체인 자활공동체[12] 뿐 아니라 많은 경우 소속 자활사업단을 직장으로 여기는 경우

---

10 특히 지방의 경우 중산층 이상의 수입은 해당 지역 외에서 소비되는 경우가 많으나 빈곤층은 그럴 여력이 없이 그 지역에서 소비하게 된다. 따라서 경제적인 측면에서도 빈곤층에 대한 지원은 시혜가 아니라 지역 경제의 활성화를 위한 선제 투자이다.

11 사회적 자본은 통상 개인이 배타적으로 소유하는 물적 자본이나 인적 자본과 달리 개별 행위자가 아닌 사회적 관계 속에서 파생되는 자본으로 관계 속에 존재하는 신뢰와 결속관계를 지칭한다. 사회적 자본은 쓰면 쓸수록 더 커지는 확대 재생산의 속성을 지니고 있다. 즉, 지역 내에서 호혜적인 네트워크를 구축해서 지속적인 협력 체계를 갖춰나간다면, 이는 사회적 자본을 창출하고 있는 셈이 되는데, 그 성과는 여기서 머무르는 것이 아니라 네트워크 내 구성원들의 신뢰를 강화하면서 호혜성을 더욱 강화시키게 된다(김정원, 2009a). 사회적 자본에 대한 보다 자세한 이해를 구하고자 하는 이들은 유석춘 외(2003)와 박희봉(2009)을 참조하시오.

12 자활공동체는 자활사업의 前史 시기인 1990년대 생산공동체운동에서 기인한 개념이다. 애초에 빈곤층의 자주적인 경제조직을 의미했으나 국민기초생활보장법의 시행과 함께 자활근로사업을 기반으로

가 많다. 지역자활센터의 종사자들은 각종 사업 운영 속에서 이들이 지역사회 시민의 일원으로 자리매김할 수 있는 노력을 하지만, 이들을 계몽하고 관리·감독하는 역할도 동시에 수행한다. 그래서 지역자활센터의 종사자들은 비영리조직의 종사자로서의 성격과 각 자활사업단의 관리자로서의 성격을 동시에 가지게 되고, 지역자활센터의 사업에 참여하는 이들은 복지 프로그램 참여자이자 노동자로서의 성격을 동시에 가지게 된다.[13]

한편, 지역자활센터의 사업에 참여하는 이들의 숫자는 경우에 따라서는 상당하다. 2008년 11월 30일 현재 지역자활센터 중 가장 많은 참여자가 있는 기관은 279명이다(중앙자활센터 내부 자료 참조). 군(郡)지역의 경우 시(市)지역에 비해서는 적은 인원이지만, 그래도 종종 군청을 제외하고는 지역자활센터가 해당 지역에서 가장 많은 인원을 고용하는 조직이 되기도 한다.

2. 지역화와 관련된 이론적 논의

1) 지역화란 무엇인가?

최근 한국의 시민사회에서 신자유주의적 세계화와 중앙집중형 사회 시스템이 보여주는 문제점에 대한 대안(alternative)으로서 지역에 대한 관심이 확산되고 있다. 이런 관심은 주로 '지역화'라는 개념으로 집약되는데, 대체로 지역이 지니는 의미를 재평가하고 지역의 중요성을 강조하고,

---

해서 독립한 조직으로 의미와 성격이 바뀌었다.
13 이 견해가 지역자활센터의 사업 참여자들에게 노동자로서의 법적 지위를 부여해야 한다는 것을 주장하는 것은 아니며 실존적 지위를 지적한 것이다. 현재 자활사업 참여자에 대한 법적 지위에 대해서는 다양한 쟁점이 부딪치고 있어 별도로 살펴봐야 한다.

지역 공동체의 활성화를 추구할 것을 제기한다.

가령, 이가옥·고철기(2002)는 경제의 민주화를 지방분산적 경제체제를 통해 경제력이 지역 주민의 손으로 들어가는 것으로 규정하고 지역공동체의 활성화가 이를 가능케 할 수 있음을 제기한다. 한상진(2004)은 지구화가 가져오는 문제에 대한 해법으로 지역공동체의 활성화를 제기하고 안정적 지방경제와 지역공동체의 유지, 발전만이 지방민주주의의 토대이자 지구화에 대항하는 유력한 수단임을 제기한다. 강수돌(2009)은 자본주의 시스템이 삶을 파괴하고 신자유주의 세계화의 물결이 범지구적으로 거칠게 다가올수록, 삶의 근거지 내지 운동의 근거지로 지역 또는 마을공동체(community)가 대안으로 부각됨을 제기한다.

이들은 지역화라는 용어를 사용하지는 않으나 대체로 '지역' 이 변화의 새로운 가능성을 지닐 수 있음을 강조한다. 그런데 여기서 짚고 넘어갈 것이 있다. 왜 지역이 새로운 가능성을 갖느냐는 것이다. 이들은 신자유주의적 세계화와 중앙집중형 사회 시스템을 현재 우리에게 직면한 중요한 사회문제의 원인으로 설정하며, 지역을 그 대척점으로 제시한다. 그러면, 대척점이라는 이유만으로 대안이 될 수 있을까? 이에 대한 답은 지역이 갖는 의미에서 찾을 수 있다.

원용찬(2003)은 지역을 전통과 문화가 살아 숨쉬고 상호 신뢰와 연대성을 갖는 일종의 커뮤니티(community) 영역이며, 인간의 구체적인 삶이 총체적으로 영위되는 공간이라 주장한다. 여기서 원용찬이 통상 지역공동체, 지역사회 등으로 번역되는 community의 속성을 빌어서 지역을 설명했음을 주목할 필요가 있다. 또한 위의 강수돌은 지역과 커뮤니티를 구분했으나 유사한 의미를 부여했고, 이가옥·고철기나 한상진은 지역공동체라는 용어를 사용했다. 이런 점들은 대안으로서 지역을 거론하는 이들이 지역이 갖는 대안의 의미를 지역사회[14]가 갖는 속성에서 찾음을 유추케 한다.

이성·정지웅(2002)에 의하면, 지역사회는 대체로 공동체 유대의 의식을 가지고 상호교류하며 생활하는 인간집단으로 주로 지역을 단위로 하여 이뤄지는 사회이다. 한도현(1999)도 비슷하게 지역적 공간, 상호작용, 공동유대 등을 지역사회의 세 요소로 바라본다. 다만, 그는 현대사회로 올수록 생활공간으로서 지역성이 완전히 무시될 수 없으나 지리적 공간의 제약성이 완화됨을 지적한다. 전성환(2007)은 지역사회를 공간적 의미의 지역사회와 기능적 의미의 지역사회로 구분해서 설명한다. 공간적 의미의 지역사회는 인간적 규모의 공간적 제한, 정체성과 소속감을 유발시키는 공간, 권리와 의무의 부담이 요구되는 공간으로서의 성격을 갖는다. 기능적 의미의 지역사회는 지리적 경계를 넘어서는 성격을 지니는 것으로 공간적 의미의 지역사회의 희생을 바탕으로 확대되고 있다.

현대사회에 들어 지역사회의 공간적 속성에 많은 변화가 있기는 하나 대체로 위 견해들은 지역사회를 일상생활이 이뤄지며, 이 과정에서 상호작용과 유대가 발생하는 공간으로 설명한다. 지역사회가 갖는 이러한 의미는 현재 신자유주의적 세계화와 중앙집중형 사회 시스템에 의해 위협을 받는다. 이를 극복하기 위해서는 지역이 신자유주의적 세계화와 중앙집중형 사회 시스템에 저항하는 공간이 되어야 한다. 이는 지역이 물리적 공간 그 자체로 어떤 변화를 위한 가능성을 갖고 있는 것이 아님을 의미한다.

지역이 가능성을 갖고 있다는 것은 사회적인 공간으로서 사회의 변화를 위한 가능성을 갖고 있음을 의미한다. 이는 지역이 선험적으로 대안으로서의 의미를 부여받지 않으며, 지역이 대안의 근거지가 될 수 있도록 지역을 재구성해야 함을 의미한다. 이러한 의미는 '지역화' 라는 용어를 사용

---

14 이하에서는 인용처에 명시된 경우를 제외하고는 community, 지역사회, 지역공동체를 모두 지역사회로 표기한다.

〈표 2-1〉 마을만들기 개념화

자립의 차원		자치의 차원	사회운동의 차원
지역활성화	지방분권	주민참여	생활양식의 변혁

자료 : 이문국(2002:20)에서 인용.

하는 원용찬(2003)에게서도 확인된다. 그는 지역화를 지역공동체의 재건
이라며 중앙의 하향적 지역개발과 거대독점자본의 외부 시장경제에 대항
해 지역공동체가 자신의 사회적 기반과 문화에 적합하도록 스스로의 운동
개념과 시스템을 갖추는 지역운동으로 규정한다. 이문국(2002)도 기초자
치단체 수준에서 진행되는 일본의 마을만들기운동을 거론하면서 역량있
는 지역사회 만들기(empoering community building)나 지역사회 능력
구축(building community competence)과 같은 개념과 마을만들기운동
이 유사함을 지적하는데, 이 역시 지역을 재구성하는 것으로 지역운동을
바라보는 견해이다.

따라서 지역화는 지역이 지니는 가치를 발견하고 재구성해서 이를 사회
변화의 동력으로 삼는 일종의 '실천 전략'이라고 할 수 있다. 그래서 지역
화를 위한 방안을 모색할 때 선행되어야할 것은 지역에 대한 분석이다. 지
역에 대한 분석을 바탕으로 지역이 가지고 있는 문제점과 장점을 파악해야
한다. 그리고 이는 지역의 조직화로 이어져야 한다. 이 조직화는 지역 내
연대[15]를 구축하고 지역의 자기의사결정력을 강화하며, 지역의 지속가능
한 발전을 모색하도록 해야 한다. 그 결과 지역이 신자유주의적 세계화와

---

15 오늘날 폭넓게 사용되는 연대 개념은 공동체의 책임(공통의 의무, 보증)을 의미하는 로마법의 전문용
어가 프랑스 법에서 연대(solidarité)로 바뀐 것이다. 처음 법률 용어로 출발한 연대 개념은 이후 사회를
분석하는 주요 도구로 확장된다. 대표적으로 뒤르껭(Durkeim, E)의 기계적 연대와 유기적 연대가 그
것이다. 또한 혁명가들이나 공동체주의자, 노동운동, 사회복지 각 영역에서 폭넓게 사용되었다. 이렇
듯 폭넓고 다양한 영역에서 사용되지만 일반적으로는 사람들 간의 동등하면서도 결속적인, 그러나 결
코 폐쇄적이지 않은 개방적인 그런 관계를 지칭한다고 볼 수 있다. 그래서 연대는 귀착점이 아니라 출
발점이기도 하다. 연대에 대한 자세한 논의는 라이너 촐(2008)을 참조하시오.

중앙집중형 사회 시스템이 낳은 문제에 대한 대안으로서 역할을 하도록 기여해야 한다.

2) 지역자활센터에게 있어서 지역화의 의미

지역자활센터의 활동에서 지역화에 대한 고민은 최근의 일이 아니다. 오히려 지역자활센터는 지역 문제를 지역 주민의 힘으로 해결하기 위한 일환으로 탄생했으며, 오랫동안 지역화가 화두였다.

지역자활센터의 前史를 보면, 지역 주민-빈곤층 밀집 지역의 주민-들의 문제를 해결하기 위한 프로그램 중의 하나가 생산공동체였다(신명호, 2006). 당시 생산공동체운동은 생산 영역에서만이 아니라 가난한 주민들의 생활과 지역사회 전반을 어떻게 공동체적으로 재조직할 것인가에 관심을 기울였다(김홍일, 2002). 이는 지역의 중요한 문제인 빈곤을 해결하기 위한 방안을 지역 내부에서 찾았음을 의미하며, 생산공동체는 빈곤 문제의 당사자인 지역의 빈곤 주민이 주체가 되어서 지역의 문제-그러면서도 자신의 문제-를 풀어가는 조직이었다. 결국 자활사업의 뿌리는 바로 지역화에 대한 문제의식인 셈이다.

국민기초생활보장법 제정 이전인 시범사업 시기의 글[16]인 이문국(1999)은 지역자활센터가 주민조직론의 원리를 실천하는 지역사회복지의 한 전형임을 제시한다. 그에 의하면, 자활지원센터의 주요 사업은 협동조합을 기반으로 한 지역공동체운동이다. 이러한 활동은 주민참여와 자치를 통한 삶의 고양(박봉관 역, 1988:17-19)이라는 주민조직론의 원리를 실천하는

---

16 자활사업은 1996년에 5개의 자활지원센터가 지정되면서 시범사업으로 출발했다. 당시에는 법적 근거를 갖지 않았으며, 1997년 11월 생활보호법이 개정되면서 법적 근거를 갖게 된다. 이후 2000년에 이르러 국민기초생활보장법이 시행되면서 시범사업은 종료되고 자활지원센터의 자활후견기관으로의 명칭 변경, 자활후견기관의 대대적인 확대, 관련 전달체계의 변화 등이 이뤄진다.

운동으로 풀뿌리 세력인 주민에 의해 아래로부터 주도되어, 지역의 빈곤 및 제 사회문제를 해결하기 위해 사발적으로 결사하며, 자신들의 헌 여건을 있는 그대로 수용하고, 생산-소비-분배-상호부조-연대의 기능이 동시에 수행되는 즉 지역사회복지의 일 전형을 보이는 활동이다. 이러한 활동을 이문국(2002)은 '지속가능한 인간개발운동', '지역사회주민조직화운동', '지역공동체운동'으로 설명하기도 한다.

한편, 이른바 자활붐이 일던 시기[17] 김수현(2000)은 공동체 부재의 지역사회를 고려할 때 자활사업이 제대로 역할을 하기 위해서는 자활에 대한 인식을 '사회적 연대의 제도화'가 필요함을 제기하며, 지역사회의 각 주체가 지역의 (빈곤)문제를 해결하기 위한 공동의 주체임을 강조한 바 있다.

자활을 자족(self-sufficiency), 자조(self-help), 자주(self-empowerment)로 구분하고 각 목표가 다름을 이야기하는 한상진(2004)도 자족을 넘어 자조와 자주의 자활이 이뤄지려면 지역 내 복합주체의 네트워킹에 의한 자활공동체 및 지역사회기업의 활성화와 이를 통한 지역사회의 공동체적 발전이 필요함을 제시한 바 있다.

지역자활센터를 명시적으로 표명하지는 않았으나 윤형근(2005)은 노협이나 빈민지역 생산공동체가 살아남고 사회적 가치를 창출하려면 호혜적 관계망을 통한 '공동체 시장'이 형성되어야 함을 제기한 바 있다. 이 때 노협이나 빈민지역 생산공동체를 지역자활센터의 각 사업단으로 대체해도 무리는 없을 것이다.

이처럼 지역자활센터에게 있어서 지역화는 매우 중요한 실천 활동임이 오랫동안 제기되어왔으나 지역화를 어떻게 실천해나가야 하는지에 대한

---

17 국민기초생활보장법이 시행되면서 정부에 의해 지역자활센터에 대한 대대적인 지정이 있던 시기를 지칭하며, 김수현이 문헌에서 언급했고 당시 일반적으로 쓰이던 용어이다.

방법론에 대해서 지역자활센터들로부터 관심을 끈 논의를 찾아보기는 힘들었다. 이는 실제 활동 내용을 보면 매우 중요한 의미가 있는 실천을 조직해왔음에도 불구하고 지역자활센터들이 정부가 정해놓은 구획 안에서의 활동을 자기 활동의 중심으로 여겼을 뿐 지역에 대한 이해나 지역과의 관계를 중요시하지 못했음을 의미한다. 그러다 보니 새삼스럽게 정작 지역자활센터들에게는 지역화라는 것이 무엇인가 새로운 것으로 여겨지는 상황을 낳고 말았다.

이런 가운데 김홍일(2002), 이문국(2002), 김정자(2007)는 지역자활센터의 지역화에 대해 일정한 시사점을 제공해준다. 김홍일(2002)은 자활사업의 기원이 지역공동체운동에 있음을 제시하고 탈세계화와 반신자유주의 운동의 일환으로 자활사업을 위치지운다. 그런 후 자신이 활동했던 노원 지역의 사례를 분석하고 과제를 제시하는데, 자활사업의 미래는 지역공동체 운동으로서의 발전전망을 확보할 수 있는지 여부에 달려있다고 피력한다. 그는 이를 위해서 지역적 상황과 주체의 조건에 근거해 단계적 전략과 전술을 수립 · 전개시켜나가야 하며 자활사업 아이템의 발굴과정과 추진과정을 통해 지역사회의 폭넓은 조직화와 마을 공동체 형성에 기여할

〈표 2-2〉 주민조직화 과정

조직 단계	주요 과업
형성 단계	- 지역사회 문제발견과 규정 - 조직화를 위한 촉진집단의 형성
토대구축 단계	- 목표의 설정 - 활동계획의 수립 - 참여동기의 강화 - 지도력의 강화
발전 단계	- 자원획득전략 수립 - 연대활동의 강화 - 활동평가의 수행

자료 : 이문국(2002:50)에서 인용.

만한 사업을 우선적으로 추진하는 노력이 선행되어야 함을 제기한다.

이문국(2002)은 임파워민드 중심 지역사회실천을 제기히고 '주민 참여', '상호성과 동반자적 관계 수립', '지역사회행동을 위한 토대로서의 변증법적 문답법의 활용', '행동적 지역사회실천을 위한 원칙'을 제시하고 '자활지원프로그램과 수준별 임파워먼트 과정'을 제시한다. 그리고 주민조직화 과정을 제시한 후 이에 입각해서 인천의 '약손엄마회' 활동을 분석해 자활사업에서 임파워먼트 중심의 지역사회 실천을 실증적으로 보여준다.

이들이 지역자활센터의 지역화에 대해 중요한 시사점을 제공해주었음에도 불구하고 지역자활센터의 사업 운영에서 이들은 크게 반영되지 못한 가운데 최근, 김정자(2007)는 지역화라는 개념에 대한 정리를 시도하면서 최근 일고 있는 지역자활센터의 지역화에 대한 관심에 접근을 시도했다. 그는 '자활의 지역화'로 중앙정부의 정책적 결정, 방향을 지역 내에서 내재화하는 일방적 방향으로의 흐름이 아니라 이를 넘어서 지역의 문제를 우리사회의 문제로 연결시킬 수 있는 지역화를 제기한다. 정부 복지정책의 전달체계로서의 성격을 갖는 지역자활센터가 자칫 정부의 정책적 목표를 달성하기 위한 일환으로 지역 내에서 지역자활센터의 사업을 위치시키며, 이를 좀 더 잘 하는 것을 성공적인 지역화로 보는 것을 경계한 것이다.

그는 지역자활센터가 정부 정책의 전달체계임을 인정한다. 그러나 지역자활센터가 민간부문의 한 주체임을 잊지 않는다. 그래서 자활의 지역화를 국가 단위에서 의도하는 정책과정을 지역 사회의 실정, 특수성, 지역주민의 특성 등에 적합하게 재구성하는 노력이라고 보고 이때 그 실천 과정이나 방법을 지역 내 살고 있는 주민의 특성과 지역경제, 사회적 환경과 특성에 맞게 재편성, 운영하는 것으로 규정한다.

그간의 논의들을 볼 때 지역자활센터의 활동 속에서 지역에 대한 문제의식은 꾸준히 존재해왔었다. 마치 최근의 화두인 것처럼 여겨지는 '자활의 지역화'는 이미 지역자활센터의 역사 속에서 존재해왔던 문제 제기였다. 다만, 정부 정책의 전달체계로서의 역할이 강조되다 보니 이미 존재해왔던 문제 제기가 희미해졌을 뿐이다. 이런 가운데 지역자활센터는 성공적인 사업 운영을 위해서 지역 내 자원을 좀 더 효과적으로 조직해야 하는 상황에 일상적으로 직면한다. 그러다보니 지역 내 자원동원을 위한 방법론의 일환으로 '지역화'에 대한 고민이 대두되기도 한다.

그러나 지역자활센터의 역사 속에서 존재했던 기왕의 문제 제기들은 지역화를 자원동원으로 설정하지 않는다. 자원동원은 조직이 어떤 목적을 달성하기 위해 주변(지역)의 각종 물질적 · 비물질적 자원을 조직하는 것을 의미한다. 즉, 자원동원은 문제의식의 출발이 우리 조직의 활동에 뭔가 도움이 되는 것을 조직하는 것으로, 그 자체로 목적이 아니라 수단이다.

지역자활센터에게 있어서 지역화는 사업의 성공적 운영을 위한 자원동원이 아니라 지역이 지니는 가치를 발견하고 재구성해서 이를 사회변화의 동력으로 삼는 일종의 '실천 전략'이어야 한다. 이는 지역자활센터가 지역에서 고립된 채 독자적으로 수행할 수 있는 것이 아니다. 지역자활센터가 지역의 구성원으로서 지역 내 각 주체들과 상호 인정과 협력을 수행해야 한다. 상호 인정과 협력은 연대를 의미한다. 그래서 지역자활센터의 지역화 전략은 지역자활센터의 연대 전략이다. 사실, 지역자활센터는 이미 연대를 사업 운영의 주요 방법론의 채택하고 있기도 하다. '일하는 자들의 연대'라는 의미를 담고 있는 생산 · 나눔 · 협동이 바로 그것이다. 결국 지역자활센터의 이념을 실현하는 활동이 지역자활센터의 지역화 전략인 셈이다.

그래서 지역자활센터의 지역화 전략을 수립할 때 인식할 것은 다음과 같다.

첫째, 지역자활센터는 연대를 기본 이념으로 하는 조직이며, 지역화 전략은 연내 전략이다.

둘째, 지역자활센터가 해결하고자 하는 지역의 빈곤 문제에는 신자유주의적 세계화와 중앙집중형 사회시스템이 배경으로 작동한다.

셋째, 지역자활센터는 지역 내 각 주체와 협력해 지역의 자율성 강화와 지속가능성에 기여하는 활동을 통해 신자유주의적 세계화와 중앙집중형 사회시스템이 낳는 문제에 대처하며, 이 과정을 통해 지역의 빈곤 문제를 해결한다.

이 세 가지를 바탕으로 지역자활센터의 지역화를 정의하면 다음과 같다. 개별 지역자활센터들이 해당 지역에서 생산 · 나눔 · 협동의 이념을 바탕으로 지역의 빈곤층이 갖는 다양한 문제를 해결하기 위해 노력하고 이 과정에서 국가 및 전 지구적 수준의 사회적 이슈와 결합해 신자유주의적 세계화와 중앙집중형 사회시스템이 낳는 사회 문제를 극복하려는 노력이다.

III

연구 및 사례기관 개요

1. 연구 개요

1) 연구 방법

지역자활센터의 지역화 전략 모델을 수립하기 위해 연구진은 문헌 연구와 질적 연구를 수행했다. 문헌 연구는 자활사업 및 지역화와 관련된 문헌들을 고찰해 연구의 이론적 기반을 마련하는데 활용했다. 질적 연구는 현장 자료에 대한 내용분석(content analysis)과 면접조사(interview)를 수행했다. 현장 자료에 대한 내용분석은 각 지역자활센터 및 협회에서 발간

〈표 3-1〉 면접조사 참여 기관의 일반 현황

사례 기관	피면접자 직책	지역 인구 (2007년)	사업단 현황(2008년)			자활성 공률*	유형	행정 구역
			참여자	사업단	공동체			
사례 기관 1	센터장, 실장	42,048명	114명	8개	3개	33.0	표준형	郡
사례 기관 2	센터장, 실장	40,595명	88명	8개	3개	24.0	표준형	郡
사례 기관 3	실장	301,101명	117명	9개	4개	25.0	표준형	市
사례 기관 4	센터장, 실장	261,975명	178명	7개	5개	38.6	표준형	市
사례 기관 5	전 센터장	51,697명	81명	9개	4개	42.9	표준형	市
사례 기관 6	센터장	386,367명	135명	8개	5개	36.0	확대형	區
사례 기관 7	센터장	378,559명	115명	5개	6개	31.0	표준형	區
사례 기관 8	실장	341,620명	115명	8개	5개	29.2	표준형	區
사례 기관 9	센터장, 모법인 사무국장	621,192명	100명	9개	5개	10.0	표준형	區
사례 기관 10	센터장	405,428명	182명	8개	7개	33.3	확대형	市
사례 기관 11	센터장	510,120명	147명	8개	3개	39.5	표준형	市
사례 기관 12	센터장	508,684명	149명	11개	8개	34.7	확대형	市
사례 기관 13	센터장	276,877명	183명	8개	7개	67.1	표준형	市
사례 기관 14	센터장	213,435명	164명	9개	10개	40.0	확대형	區
사례 기관 15	실장	125,524명	136명	10개	5개	27.0	확대형	市
사례 기관 16	실장	408,364명	186명	9개	7개	27.0	확대형	市
사례 기관 17	센터장	108,606명	117명	9개	8개	26.3	표준형	郡
사례 기관 18	센터장	968,203명	185명	7개	4개	26.0	확대형	市
사례 기관 19	센터장	32,297명	77명	8개	3개	28.0	기본형	郡

* 중앙자활센터 내부 자료에 의하면 전국 평균은 32.3%임.

한 각종 간행물과 홍보물, 그리고 인터넷 홈페이지를 분석해 면접조사를 위한 기초 자료로 활용했다. 면접조사는 복수의 지역자활센터 주요 관계 자들로부터 추천을 받은 지역자활센터를 선정하고 해당 지역자활센터의 리더를 대상으로 진행했다.[18] 또한 연구진이 지역자활센터를 직접 방문해 서 면접조사를 진행했다.

연구진은 추천을 받은 사례들에 대해서 현장 자료에 대한 내용 분석을 바탕으로 지역화 전략을 위한 사례로 적합한 지를 확인한 후 사례기관으 로 선정했다. 연구의 성격상 통계적 추정이 가능한 확률 표본추출보다는 연구의 목적에 부합하는 사례를 선정해야 했기 때문에 이런 방식을 활용 했다.

2) 연구 과정

연구 과정을 설명하면 다음과 같다.

우선, 문헌연구를 통해 지역자활센터의 지역화 전략에 대해서 연구진 나 름대로 일정한 기준을 정립한 후 면접 조사를 통해 시사점을 제공해줄 수 있는 기관을 탐방하고 이를 바탕으로 지역자활센터의 지역화 전략을 수립 하기로 했다.

조사는 집중적으로 이뤄지지 못했고 2009년 4월부터 10월까지 약 7개 월에 걸쳐 이뤄졌다. 사례기관의 추천 역시, 일시에 받지 못하고 조사가 진 행되는 과정에서 계속 이뤄졌다.

면접조사에서 가장 중요한 요소는 '누구를 대상으로 할 것인가' 이다. 연 구진은 정보제공자(informant)[19]를 지역자활센터의 센터장으로 설정했

---

18 주로 센터장이었으나 반드시 그렇지는 못했다. 그 이유는 후술한다.
19 질적 연구에서는 피면접자 혹은 연구대상자라는 표현을 쓰지 않고, 정보를 제공해 주는 사람이라는 의미에서 '정보제공자' 라고 한다.

다. 전체 업무를 총괄적으로 이해하는 자가 인터뷰 대상으로 적합하다고 판단했기 때문이다. 단, 피치 못하게 일정이 맞지 않는 등 사례기관의 상황에 따라서는 실장이 인터뷰에 임하기도 했다. 일부 사례기관은 센터장과 실장이 함께 인터뷰를 했으며, 한 사례기관은 센터장과 모법인 관계자[20]가 함께 인터뷰에 응했다.

조사의 신뢰관계를 높이고 윤리적 문제를 해결하기 위해 선정된 사례기관의 정보제공자에게는 사전에 e-mail이나 전화 등으로 조사절차를 설명하고 자료의 익명성이 보장되고, 분석 결과가 공유됨을 알렸다. 조사 일정은 대체로 인터뷰 2~4주 전에 협의를 했다.

조사 일정이 협의된 이후에는 비구조화된 질문지를 1~2주 전에 e-mail로 보내고 인터뷰 대상이 준비할 수 있는 시간을 배려했다. 질문지는 '지역자활센터의 사업 개요', '지역의 특성', '모법인', '조직의 리더', '지역 속에서 조직', '사업 운영 방식'으로 구성했다.

질문지 중 '지역자활센터의 사업 개요', '지역의 특성', '모법인', '조직의 리더' 등은 지역자활센터의 활동 환경을 파악하기 위한 목적으로 구성했고, '지역 속에서 조직', '사업 운영 방식'은 활동 내용을 파악하기 위한 목적으로 구성했다. 인터뷰에서 질문의 순서가 제대로 지켜지지는 않았다.

인터뷰 시간은 대체로 1시간 30분~2시간 가량 소요되었으며, 일부 2시간 넘는 경우도 있었다. 인터뷰는 사전에 양해를 구하고 녹음을 했으며, 인터뷰 후에 녹취록을 풀어서 분석을 시도했다.

분석은 1차적으로 사례기관의 전반적인 활동 현황을 파악해 개요를 구

---

20 모법인은 지역자활센터를 운영하는 기관을 뜻한다. 센터장과 모법인 관계자가 함께 인터뷰에 응한 사례기관은 해당 사례기관의 활동이 많은 경우 모법인의 지역 활동과 겹쳤기 때문에 지역자활센터의 사업 운영만으로 설명하기 어려운 부분이 있었기 때문이다.

〈그림 3-1〉 연구 과정

| 문헌자료 수집 및 분석 | → | 인터뷰 | , | 문 서 | → | 최종 결과 노출 |

〈표 3-2〉 면접 질문지

지역자활센터의 지역화 전략 수립을 위한 면접 질문지

안녕하십니까?
한국지역자활센터협회 부설 자활정책연구소는 〈지역자활센터의 지역화 전략 수립을 위한 조사〉를 진행하고 있습니다. 그 일환으로 우선 지역자활센터 중 지역자활센터의 지역화 전략 수립에 참조가 될 사례를 방문하고자 합니다. 방문 조사에서 드릴 기초적인 질문은 아래와 같습니다. 참조해주시면 감사하겠습니다.

1. **지역자활센터의 사업 개요**
   ㄴ 사업단 현황(자활공동체, 자활근로사업단, 기타 사업단), 참여자 숫자, 주민조직 운영 여부 등
   ㄴ 지역자활센터 개소 이후 주요 활동(ex: 주민금고 운영, 지역 네트워크 참여, 참여주민 지원체계 구축 등)

2. **지역의 특성**
   ㄴ 지역의 정치 역학, 지역의 현안, 인구 특성, NPO 현황, 대학 현황, 경제적 특성 등

3. **모법인**
   ㄴ 모법인의 유형 및 성격, 모법인의 지역 내 주요 활동, 모법인의 규모
   ㄴ 모법인과 지역자활센터의 관계, 모법인의 가치

4. **조직의 리더**
   ㄴ 그간 역사 속에서 조직 리더의 지역 내 활동(과거의 경험까지 포함)
   ㄴ 그간 역사 속에서 조직 리더가 갖고 있던 가치와 비전, 자활에 대한 생각

5. **지역 속에서 조직**
   ㄴ 지역자활센터의 지역 내 관계(정치 리더들, 지역 NPO, 관공서, 언론 등)
   ㄴ 지역에서 지역자활센터의 주요 후원자(개인 또는 조직)
   ㄴ 지역 현안에 대한 지역자활센터의 개입 조직화(집합행동, 조사, 문제 제기, 조직 결성 등)

6. **사업 운영 방식**
   ㄴ 사업단의 조직화 방식(아이디어 구상과 조직 운영 등)
   ㄴ 사업단 참여 주민들의 조직화(관리, 연계, 정보 제공, 주민조직, 교육 등)
   ㄴ 지역자활의 어려운 상황을 풀어가는 방식

성한 후, 2차 분석을 통해서 지역화와 관련해서 시사점을 제공해줄 수 있는 내용을 추출했으며, 이를 개념화해 최종 결과를 도출하는 방식으로 이루어졌다.

2. 사례기관 개요

1) 사례기관 1

사례기관 1이 위치한 지역은 과거 탄광 지역이었으나 석탄산업의 퇴조로 폐광지역이 되었으며, 최근 관광산업으로 지역이 변모하고 있다. 지역 전체적으로 보면 전통적인 농업 지역과 관광산업 지역으로 구분된다. 사례기관 1은 2000년에 정부로부터 지정을 받고 사업을 시작했다. 지역자활센터는 낙후 지역에서 일자리를 창출하는 조직이 필요하고 복지인프라를 창출해야 한다는 지역 시민사회의 공감대 속에서 몇몇 조직들이 협력 활동을 통해 추진해 지정을 받았다.

지역 시민사회의 공감대와 협력을 통해 탄생한 경험은 지역 시민사회의 지원을 이끌어내는데 중요한 자산으로 작용해 사업 운영 과정에서 지역사회의 도움을 바탕으로 여론주도층을 움직여 사업을 위탁받거나 생산품을 납품하는 경험을 하기도 했었다.

전반적으로 취약한 지역 역량 속에서 지역자활센터는 취약계층의 일자리 창출과 지역 내 사회서비스 공급에서 상당히 비중 있는 역할을 하고 있으며, 종사자들은 〈의제21〉이나 〈사회복지협의회〉 등 업무와 관련된 조직에 적극적으로 참여한다. 종사자들은 근속기간이 평균 5년 정도로 상당히 긴 편이며, 주민교육은 주로 사업단 내 현장교육을 중심으로 진행한다.

사례기관 1은 자활이 나아가야할 바로 지역의 자원을 모아서 지역에 필요한 것을 주민들과 함께 만들어가야 하는 것으로 설정한다. 주민금고의 운영이나 커뮤니티비즈니스에 대한 고민은 이의 일환이다.

주민금고는 사업 개시 초기인 2001년부디 운영해왔는데, 자활사업 참여자의 출자 외에 자활공동체의 출연도 있다. 이런 탓에 자활사업 참여자 외에 사업단에 대한 대출도 한다. 가령, 영농조합으로 사업자등록을 낸 자활근로사업단인 김치공장이 출범할 때 부족한 자금을 주민금고가 대출해주기도 했다.

최근 사례기관 1이 위치한 광역자치단체에서는 많은 지역자활센터들이 커뮤니티비즈니스에 대한 비전을 공유하고 이 지역 광역자활센터와 연구, 교육, 사례조사 등 공동의 모색을 하고 있다. 사례기관 1도 이에 적극 참여하는데 지역자활센터에 적합한 지역화 방식으로 지역순환경제시스템을 고민하고 있다. 지역순환경제시스템의 구축을 통해서 자활센터의 생산 시스템이 연계될 수 있을 것으로 보는데, 이 때 지역은 광역단위를 의미한다.

2) 사례기관 2

사례기관 2는 지역화와 관련해서 많은 지역자활센터들이 탐방을 하는 기관으로 2002년에 정부로부터 지정을 받고 사업을 시작했다. 지역은 과거에 탄광의 배후 지역으로 탄광지역민들의 행정과 소비가 이뤄지는 곳이었으나 석탄산업의 퇴조와 함께 낙후를 경험하고 있다. 지역자활센터의 지정 경위는 사례기관 1과 비슷하다. 사회복지에 관심 있던 지역의 성직자와 현 지역자활센터의 전현직 관장 및 현 실장이 시민조직을 결성하고 지역자활센터를 지정받았다. 당시 지역자활센터는 관내 최초의 복지시설이었는데, 지금도 요양기관을 빼고는 유일한 복지시설이다.

지역자활센터의 지역화와 관련해서는 두 가지를 강조하는데, 자활사업 참여자가 사업의 중심에 서야 한다는 점과 지역 내 다른 주체들과 함께 일을 해야 한다는 점이다. 이런 인식은 사업 운영 과정에서 다음과 같이 나타난다.

사례기관 2는 사업단을 운영하는 과정에서 지역 내 순환 구조의 구축과 지역의 문화 및 자연 자원의 활용을 중요시 여긴다. 전자는 커뮤니티 사업으로 영농사업의 생산품을 매장에서 판매하고 급식위탁사업을 통해 취약계층에 공급하는 활동이다. 이른바 생산-유통-소비의 지역 내 순환구조를 만들어가는 셈이다. 이 과정에서 지역의 (농업)생산자들의 조직화에도 힘쓴다. 후자는 야생화 생산과 생태탐방이나 농촌문화체험과 같은 대안적인 관광의 조직이다. 자활사업과 그린투어리즘(green-tourism)의 결합인 셈이다.

자활사업 참여자가 사업의 중심에 서야 한다고 생각하는 사례기관 2는 사업단의 비전을 자활사업 참여자와 기관이 공동을 수립하는 방식을 도모한다. 사업단 참여자가 사업계획서를 스스로 기획하고 발표한다. 이러한 방식은 설사 좋은 사업 아이템이더라도 기관이 주도하기보다는 자활사업 참여자가 느껴서 할 수 있어야 한다고 생각하기 때문이기도 하다. 한편 각 사업단들 간에는 사업 내용을 서로 공유하는데 이는 사업간 연계를 원활하게 하기 위해서이다. 각 사업단별로는 상조회가 운영된다.

3) 사례기관 3

사례기관 3이 위치한 지역은 한국에서 사회적 경제 운동의 메카로 불리운다. 이 지역의 협동조합운동협의회에 가입한 조직들은 사업적인 연계가 활발하고 이처럼 활발한 사업적 연계는 각 조직들의 사업 성과뿐 아니라 지역 내 사회적 경제 활동의 시너지로 작동한다. 2001년에 지정된 사례기관 3 역시 이 지역에서 조직된 협동조합운동협의회에 가입해 이런 활동에 합류하고 있다.

사례기관 3의 주민금고는 전국적으로도 많이 알려진 사례어서 그간 많은 지역자활센터가 탐방을 했다. 주민금고는 자활사업 참여자 외에 일반인도 출자하는데, 대출은 자활사업 참여자에게만 이뤄진다. 일부이기는 하나 자활사업을 그만 둔 후에도 계속 이용하는 경우도 있다. 주민금고 기금은 이 지역에서 협동조합운동의 씨앗이 되었던 신협에 예탁을 한다.

사업 운영 속에서 두드러진 점은 찾기 어려우나 종사자들이 장기간 근속을 하고 있으며, 일부 사업단은 자활사업 참여 주민의 의견을 반영해 조직하기도 했다. 최근에는 자활사업단을 운영하는 데 있어서 지역의 한 시민단체와 연계하는 방식을 협의하는 중이다.

4) 사례기관 4

사례기관 4가 위치한 지역은 광역지자체 내에서 중심지이다. 2000년에 지정을 받고 사업을 시작했으며, 지역의 사회적경제네트워크에서 중심적인 역할을 하고 있다. 사회적경제네트워크는 외부 프로젝트와 관계 없이 지역 내에서 자발적으로 조직되었으며, 아직까지는 행사를 같이 하는 수준에 머무르고 있다. 기관 입장에서는 지역 내 네트워크에 대해서 일장일단이 있다고 평가하는 분위기이다. 네트워크 활동에의 적극 참여로 지역자활센터의 지역 내 입지는 강화되지만 이로 인해 기관 업무에는 부담이 간다는 것이다. 어쨌든 지역 내 네트워크 사업을 하면서 지역자활센터가 많이 알려졌고 특히 사회적경제네트워크에서는 지역자활센터의 역할 비중이 매우 크다.

사례기관 4는 주민금고와 주민대표자 회의를 통해서 자활사업 참여자의 재조직화를 도모한다. 주민금고는 2005년에 발족했으며, 자활사업 참여자 지인들도 참여한다. 한편, 연초에 진행하는 교육을 '자활배움오리엔테이션' 이라고 하는데 이를 각 사업단의 주민대표자들이 주도한다.

사례기관 4는 지역화전략을 다음과 같이 생각한다. 첫째, 지역자활센터는 타 비영리조직과 달리 사업단을 운영하는 특징을 가지고 있기 때문에 이를 살려야 한다. 둘째, 기관 단독으로 사업을 진행하기 어렵기 때문에 지역 내 조직과 파트너쉽을 강화해야 한다. 셋째, 지역 전체의 변화나 이익과 맞물려야 한다. 넷째, 생활의 문제를 지역에서 풀어가는 것이며, 지역자활센터가 개방하고 연대해야 한다. 지역자활센터 또한 이러한 역량이 있다.

5) 사례기관 5

사례기관 5는 과거 탄광 지역이었으나 석탄산업의 퇴조로 낙후된 지역이다. 그런 탓에 행정구역상의 市임에도 인구는 5만여명에 불과하다. 사례기관 5는 1999년에 지정이 되었으나 이미 1998년부터 설립위원회를 설치하고 외부의 기금을 끌어들여 자활사업을 개시했었다. 이처럼 발빠른 행보는 낙후지역의 재생에 지역자활센터가 도움이 될 수 있을 것이라는 판단에서였다. 실제 설립위원회는 폐광지역의 재생을 위해 많은 노력을 했던 시민사회 인사들이 주도해서 설치했었다.

종사자들의 근속년수가 평균 5년 정도는 될 정도였고 기관장은 종사자간의 가치 공유에 많은 노력을 했었다. 교육을 중시했고 특히 기록을 강조했는데, 2000년부터 사업보고서를 매년 발간했었다.

지역의 자원이 취약해 사업단 운영 과정에서 지역 외부에 존재하는 자원의 협력을 이끌어내려 많은 노력을 했었으며, 기관장은 많을 때 15개의 직

함을 가질 정도로 활발한 대외활동을 했다. 자활사업 참여자의 인적자본 양상도 중시해 사업단 구성원 모두가 자격증을 취득힐 수 있도록 한 경우도 있었다.

사례기관 5는 지역자활센터의 비전으로 지역개발회사를 제시하는데, 이를 위해 지역에서 가치와 가능성을 찾는데 초점을 두고 사업단을 조직했다. 또한 각 사업단들 간에 선순환구조를 도모했는데, 자활공동체 출범은 전체적인 지역 내 사업 운영의 설계를 바탕으로 이뤄졌다. 그래서 사업단의 규모는 대체로 작으며, 각 사업단들이 서로 연계되는 시스템을 가졌다.

6) 사례기관 6

사례기관 6은 최근 지역화와 관련해서 많은 관심의 대상이 되는 지역자활센터이다. 대도시에 위치한 사례기관 6은 지역의 대표적인 시민단체가 모법인이며, 2001년에 지정을 받고 사업을 개시했다. 기관이 위치한 지역은 수급자 비율이 전국 평균 정도이나 양극화가 매우 심하다. 모법인은 이 지역의 두 시민단체가 통합한 조직인데, 모법인이 조직되는 과정은 이 지역의 주민운동 역사이기도 하다. 최근에도 지역 내 복지네트워크를 모법인이 주도하기도 했다.

종사자들의 근속기간은 대체로 4~5년 정도이고 모법인의 회원들로 활동한다. 사례기관 6은 특히 사업 운영 속에서 신선한 시도가 돋보인다. 가령 2004년에 자활인큐베이팅 사업을 조직하는 새로운 시도를 해 자활사업 참여자들이 자신의 자립계획을 수립할 수 있도록 했다. 최근에는 자활공동체까지 포함해 각 사업단들을 아우르는 공동 브랜드를 확산시키고 있는데, 상황에 따라서는 공동 브랜드의 사용을 넘어 확장된 형태의 조직도 구상중이다. 지역의 비전으로 사회적 경제를 통한 지역의 개편을 구상 중인데, 실무자 뿐 아니라 자활사업 참여자들도 이런 비전에 공감을 하고 있다. 공동 브랜드의 사용은 이의 시작이다.

사업 운영 과정에서는 지역 자원과의 연계나 자활사업 참여자의 주체적 참여를 강조하는 편이다. 자활인큐베이팅 사업 시에 지역 내 각종 복지자원과 연계하는 주민지원프로그램이 빈번하다. 또한 자활인큐베이팅 사업 참여 기간이 끝나고 사업단 배치를 할 때 반드시 사업단 참여자들의 의견을 반영한다. 사업단의 사업성이 좋아도 참여자들이 자발적으로 임하지 않으면 사업을 포기하기도 한다. 2007년부터는 주민금고도 운영 중이다. 이 역시 상조회와 주민금고 중 주민금고를 참여자들이 선택한 결과이다.

7) 사례기관 7

사례기관 7이 위치한 지역은 서울 외곽의 준공업지역으로서의 성격을 지닌 서울 내 대표적인 낙후 지역이다. 과거 사례기관 7의 모법인은 복지관, 개봉영화관, 백화점 하나 없는 취약한 지역에 지역주민과 함께 시민적 가치와 공동체적 가치를 도모할 수 있는 복지 조직을 만들겠다는 취지로 활동을 시작했었다.

사례기관 7의 모법인은 지역 내 활발한 네트워크 활동으로 널리 알려지기도 했는데, 여기에는 생태적 복지라는 뚜렷한 가치관에 입각한 활동 방식, 지역 내 복지인프라의 선도적 구축, 취약한 지역 환경의 개선을 위한 필요성, 그리고 활동력 있는 사회적 경제 조직들의 지역 내 존재 등이 복합적으로 작용한 것으로 보인다. 특히 이 지역의 ○○시민단체협의회는 10여년의 역사를 가지고 있는 대표적인 지역 네트워크 조직이다. 모법인의 변경 과정에서 많은 어려움을 당했음에도 불구하고 극복할 수 있었던 중요한 이유 중 하나가 오랜 기간 동안 축적되어온 지역 네트워크의 힘이었다.

사례기관 7은 2001년부터 사업을 개시했으며, 모법인이 주도하는 각종 지역 네트워크 사업에 적극 참여한다. 지역의 생협 매장에 생산품을 납품하기도 하나, 그것보다 중요한 것은 지역의 네트워크로 운영되는 공동의 활동에 실무자들이 적극 참여하는 것이다. 또한 지역 내의 사회적 경제 조직들과 함께 공동으로 워크샵을 조직해 지역사회 사회적 기업의 가능성을 타진하기도 했었다. 무엇보다 지역 네트워크를 지역자활센터의 사업단의 이익에서 출발하지 않고 지역과 함께 살 수 있는 전략으로 바라본다.

사례기관 7은 얼마 전 부터 재정적으로 자립 기반을 조성하기 위해 지역재단을 구상하고 준비모임을 운영 중이다. 여기에는 과거 실무자였던 이와 자활공동체 대표 중 1명이 참여하고 있기도 하다. 주민자치조직으로는 2007년부터 주민금고를 운영하고 있다. 참여 인원은 그리 많지 않은 편이다.

8) 사례기관 8

과거 빈곤층 밀집지역으로 주민운동이 활발했던 지역에 위치한 사례기관 8은 지역의 복지관과 가톨릭계 사회선교 기관이 컨소시엄을 구성해 2000년에 지정을 받아 사업을 개시했다. 주민운동의 전통이 강한 지역이며, 실제 이러한 문화적 영향 속에서 조직되었기 때문에 사례기관 8의 사업 운영에는 지역의 과거 역사와 문화가 고스란히 묻어 있다.

사례기관 8은 이 지역의 주민운동세력들이 조직한 신협과 거래를 한다. 2005년부터 조직된 주민금고는 물론 이 신협에 자금을 예탁하고 있으며, 지역의 주민운동 리더들이 주민금고에 참여하고 있다. 그러나 이들이 지배적인 영향력을 행사하는 것은 아니며, 단지 관계를 맺는 정도에 머무른다.

주민금고는 주민리더교육이 기점이 되어서 당시 교육 수료자들이 1박2일로 원주를 방문한 후 모임을 결성하고 1년 이상의 준비를 거쳐 조직되었다. 주로 자활사업 참여자들로 구성되어 있으나 일반 시민도 참여가 가능하다. 사례기관 8은 empowerment의 핵심은 권한 이양이라 생각하는데, 주민금고의 조직화도 주민리더들이 스스로 결정하고 조직해냈었다.

주민운동의 전통이 강한 지역답게 지역사회복지협의체가 운영이 잘 되고 있으며, 지역 조직들의 활동도 활발한데, 최근에는 이 지역을 아우르는 주민운동조직이 추진되고 있다. 물론 사례기관 8은 준비 주체로 결합되어 있다.

9) 사례기관 9

시범사업 시기부터 활동한 사례기관 9는 최초의 지역자활센터 중 하나이다. 사례기관 9가 위치한 지역은 양극화가 매우 심한 아파트 밀집지역이며 서울에서 수급자가 가장 많은 지역이기도 하다. 모법인이 탄탄한 주민운동의 역사적 경험을 갖고 있는데다, 이를 기반으로 오랫동안 사업을 운영해와 지역 내에서 활동의 기반이 튼튼한 조직이다.

오랜 활동 속에서 수립된 지역에 대한 비전은 매우 뚜렷하다. 지역화는 사업단이나 공동체가 그 사업 내용으로 지역사회와 깊게 결합하면서 그 활동이 지역사회로 환원하고 활동 결과가 지역사회와 소통하는 것으로 바라보고 있다. 그래서 사례기관 9는 자활공동체가 지역과 연관을 많이 가져야 한다고 생각한다. 가령, 자활공동체 구성원이 지역의 의료생협 회원일 수 있는 중복 멤버십을 구축할 수 있도록 하는 것이다. 또한 지역아동센터에 도시락을 납품할 수 있는 식으로 지역사업이 시장으로 기능할 수 있어야 한다고 본다.

또한, 사례기관의 실무자들에게는 자활공동체가 만들어질 때 자활공동체와 함께 독립하는 문화가 자리 잡고 있다. 그래서 실무자들이 자활공동체를 이끌어나갈 비전을 갖고 업무에 임한다. 또한 초창기부터 실무자로 참여했던 이들이 별도로 조직을 만들고 사례기관 9에서 배출된 자활공동체들의 사업 운영을 지원하고 있다. 자활공동체는 지역에서 좋은 기업을 만들자는 방침 속에서 조직되며, 따라서 협동조합을 지향하거나 그 내용성을 갖는다.

주민들과의 관계는 수평적 관계를 유지하려 노력하고 있다. 별도의 주민자치조직은 없으며, 실무자들이 갹출한 금액으로 소액대출 활동을 하고 있다. 최근에는 사회서비스 사업으로 발생한 수익을 지역에 어떻게 가치 있게 활용될 수 있도록 할 것인가에 대한 고민을 하고 있다.

10) 사례기관 10

사례기관 10은 빈민운동을 기반으로 조직된 사회복지법인을 모법인으로 하며, 2000년에 지정을 받고 활동을 해왔다. 모법인과 사업상의 밀접한 관련은 없으며, 빈민운동의 역사도 모법인의 역사로 전승될 뿐이다. 실무자들도 초창기에는 사회운동을 경험한 이들이 많았으나 지금은 사회복지사가 다수를 점하고 있다. 다만, 빈민운동의 역사라는 전통이 기관의 문화에 영향을 미치고 있으며, 이런 탓에 장기근속자들은 단순한 실무자이기보다는 사회문제에 관심이 많은 활동가로서 자리매김되는 경향이 있다.

사례기관 10이 위치한 지역은 시로 승격한 지 20년이 되며, 다양한 시민조직들이 활동하나 단합된 힘으로 지역의 사안에 개입하지는 못하는 실정이다. 이런 가운데, 사례기관 10은 지역에서 사회적경제네트워크를 고민 중이다. 이를 위해 기관에서 배출한 자활공동체, 사회적 기업, 그리고 모법인 소속의 시니어클럽, 지역의 실업운동조직 등과 함께 사업에서 발생한 수익을 지역에 환원하는 방안을 모색 중이다.

기관 운영에서는 실무자가 주도하는 지역자활센터는 반쪽이라는 생각 속에서 자활사업 참여자의 적극적인 참여를 유도하는 편이다. 가령, 주민대표자회의를 설치해서 기관의 일상적 사업에 자활사업 참여자들의 목소리를 반영할 뿐 아니라 이들이 직접 사업을 주도하도록 하고 있다. 자활사업 참여자가 주도하는 장학사업도 전개해 지자체의 장학재단에 기탁을 한다. 주민자치조직인 주민금고에는 자활근로사업단과 자활공동체 구성원들이 참여하고 있으며, 이들은 지역에서 봉사활동을 하기도 한다. 주민금고 외에 산악회도 운영되는데, 처음에는 기관에서 보조해주었으나 지금은 자체적으로 운영된다. 자활사업단의 운영 현황은 월 1회 자활사업 참여자가 주도하는 프로그램을 통해서 공개된다. 주민교육은 콘서트나 인권 강좌와 같은 다양한 문화 프로그램으로 구성되기도 한다.

11) 사례기관 11

2000년에 지정을 받고 사업을 시작한 사례기관 11이 위치한 지역은 노동운동이 활성화된 지역이다. 지역의 경제 수준도 비교적 높아 인구 대비 수급자 숫자가 적은 편이다. 모법인은 실업운동조직인데, 모법인이 지역자활센터를 지정받은 이유는 일자리를 창출하기 위해서였다. 종사자들은 대체로 지역에서 사회운동을 경험했던 이들로 구성되었으며, 대부분이 초기 실무자들일 정도로 장기근속 문화가 자리잡혔다.

사례기관 11의 가장 큰 특징은 활발한 '상조회'이다. 지역자활센터를 지정받기 전부터 상조회를 운영해왔는데, 현재 300여명이 참여하고 있다. 여기에는 자활사업 참여자들 외에 기과에서 배출한 사회적기업의 구성원과 모법인의 일반취업자까지 포함된다. 상조회는 상호부조기능보다는 일자리 사업과 관련한 지역의 주민자치조직으로서의 성격이 강하다. 그래서 상조회가 지역 이슈에 적극적인 발언을 하거나, 기관의 프로그램 운영에서 주도권을 발휘하는 경향을 보이기도 한다. 상조회의 대표는 모법인의 당연직 이사이기도 하며, 기관장이 상조회의 간사를 맡는다. 상조회는 최근 주민금고를 추진 중이다.

지역 활동에서 지역자활센터는 주로 사회복지기관과의 연계에 주력하며, 그 외의 대외적인 활동은 모법인이나 상조회가 맡는다. 사례기관 11은 지역 주민들과의 공유를 통해 자활사업 참여자가 지역 시민들과 함께 하는 시민의 일원으로 자리잡는 것을 자활의 지역화라 바라본다. 상조회의 활발한 활동은 이런 가치관이 발휘된 일정한 성과라 할 수 있다.

12) 사례기관 12

사례기관 12는 도농복합도시로 한국의 대표적인 제철산업이 위치한 지역이다. 제철산업 탓에 빈곤율은 낮은 편이다. 2000년에 정부로부터 지정을 받고 사업을 시작했으며, 지역의 시민단체가 모법인이다. 기관장은 이 지역의 대표적인 시민사회 활동가로 평가받으며, 종사자들 중에는 장기근속자가 많다.

사업 개시 초기에는 많은 어려움이 있었으나 이후 잘 극복해왔다. 전반적으로 자활사업 참여자와의 관계가 좋은 편이며, 지역의 명망있는 활동가라는 기관장의 지위를 자활사업에 적극적으로 활용하고 있다. 가령, 공무원노조와 연계해 생산품을 판매한다든지, 한국의 대표적인 여성운동가 총장으로 있는 대학에 납품을 한다든지 하는 것들은 여러 사례 중의 하나이다.

사례기관 12에서 주목할 것은 자활사업 질(質)의 강조와 자활사업 참여자의 상황에 부합하는 사업의 개발이다. 기관장은 자활사업의 생산품이 저가여서는 안되며, 고가로 인식을 시켜야 한다고 주장한다. 이른바 자활사업의 품격 제고인 셈이다. 한복 생산과 전통체험 활동을 결합시키는 자활공동체는 이러한 인식이 반영된 대표적인 사례로 지역의 유명 업체이기도 하다. 또한 자활사업 참여자에게 보육교사 과정을 이수하게 하고 어린이집에 파견해 직업경험을 쌓게 한 후 어린이집을 운영하도록 하기도 했다. 최근에는 자활사업에 젊은 여성의 참여가 증가하는 것에 착안해 피부미용과 같은 사업을 시작하기도 했다.

지역화와 관련해서는 그간 지역자활센터의 사업이 대체로 지역이 필요로 하는 일이었으나 이제 일방적으로 추진하는 것보다 지역과의 소통을 기반으로 추진할 필요가 있음을 제기했다.

13) 사례기관 13

사례기관 13이 위치한 지역은 국내에서 가장 대표적인 관광도시이다. 그러나 전체 산업 중에서 관광산업이 차지하는 비중은 그리 크지 않으며, 자동차 관련 산업이나 농업의 비중이 매우 크고, 오랫동안 개발이 이뤄지지 않은 탓에 주민들의 지역 개발 욕구가 매우 강하다. 보수적인 지역 환경 속에서 관료들의 영향력이 큰 지역이기도 하다.

사례기관 13의 모법인은 1990년대 외환위기 시절에 발족한 실업운동조직이며, 지역자활센터는 2001년부터 사업을 시작했다. 실업운동조직이 모법인이나 지역자활센터와 밀접한 관계에 놓이지는 않으며, 실무자들의 모법인과의 멤버십도 없는 편이다. 근속 기간은 평균 4년 가량이다.

사례기관 13의 특성 중 하나는 사업단에 다양한 시스템을 구축한다는 것이다. 총회, 운영위원회, 조합원평의회 등을 두어 자치적인 운영을 추구하고 기술지원위원회를 두어 실질적인 지원시스템을 갖춘다. 기술지원위원회는 사업단의 거래처나 전문가들을 조직해서 설치한다. 또 하나의 특성은 영농과 관광을 결합한 사업단의 운영이다. 특히 이 사업은 기관이 역량을 집중하는 사업이기도 하다. 사례기관 13은 농촌이 무궁무진한 잠재력이 있다고 보며, 자활사업이 가능하면 대안경제를 지향해야 한다고 생각한다. 영농과 관광의 결합은 이에 적합한 사업으로 본다.

기관장은 매우 열심히 대외활동을 한다. 덕분에 지역 내에서 기관의 인지도가 20%는 될 거라고 이야기한다. 사업 초기에 지역의 관료와 자활사업에서 우호적인 사업관계 창출의 중요함을 역설하고 동의를 이끌어내 자활사업 관련 민-관 협력의 문화를 만든 것도 여기에 기여했다. 물론 기관의 활동도 정서적으로 지역주민과 함께 하는 것으로 끊임없는 문제 제기를 한다. 그래서 지역자활센터가 매우 중요한 인프라이며, 지역 주민의 삶에 지역자활센터가 중요하면 성공한 것이라 생각한다.

14) 사례기관 14

사례기관 14는 대도시 내 빈곤층 밀집지역에 위치해있다. 모법인은 주민운동조직으로 1990년대에 빈곤층 밀집지역의 주민을 조직하는 활동 속에서 탄생했으며, 지역공동체운동으로 전국적으로 널리 알려진 사례이기도 하다. 기관장은 모법인의 탄생을 주도한 인물이며, 지역자활센터의 지정은 2001년이다. 종사자들의 근속은 평균 5년 정도로 장기근속 경향을 보인다.

사례기관 14는 사업단의 공동체성을 강조하고, 자활사업 참여자가 자기 일의 주인이어야 한다고 생각한다. 그래서 가급적 일반 노동 현장과 비슷한 방식으로 사업단이 운영되도록 한다. 또한 1人 1技를 강조하는데, 기술 교육은 지역 내 현장 직업인과 함께 다니면서 배우는 방법을 활용하기도 한다. 현장 노하우를 중시하는 셈이다.

사례기관 14는 과거에 이 지역의 지역자활센터들과 함께 광역자활공동 체를 구성해낸 적이 있다. 최근에는 최근 지역의 순환적인 경제시스템 구 축을 고민하고 있으며, 특히 거대 유통자본에 대항할 수 있는 생협을 구상 중이다. 생협이 조직된다면 모법인과 양축으로 하는 지역운동을 도모할 수 있을 것으로 생각하는데, 이 과정에서 지역자활센터는 생산품을 판매 할 수 있는 기회를 잡을 것으로 생각한다. 여기에는 사례기관뿐 아니라 타 지역자활센터의 생산품 판매도 포함된다. 지역자활센터는 충분한 잠재력 이 있다고 사례기관 14는 생각한다.

15) 사례기관 15

사례기관 15는 농촌 지역으로서의 정체성을 갖는 도농복합도시에 위치 해 있다. 모법인은 성공회 계열의 사회선교기관이며, 2001년에 지정을 받 고 사업을 시작했다. 사업 초기부터 종사자들의 상당수가 학생운동을 경 험했거나 지역 생협의 지도부 또는 회원이었거나 자활노조의 노조원이었 다. 이러한 특성·탓에 실험적인 사업 운영에 적극적이었다.

우리밀 제과점의 조직, 지렁이 사업단의 조직, 우리콩 두부 사업단 조직 등이 그것이다. 이러한 실험적인 사업 운영 속에 일부는 자활공동체로 독 립하기도 했으나 지속가능하지는 못했다. 사례기관 15는 이를 트렌드를 다소 빨리 읽었다고 자평한다.

사업단에서뿐 아니라 일상 운영에서도 실험적인 운영이 종종 엿보인다. 해마다 지역의 자활 축제를 조직하고 있으며, 이 과정에서 지역통화를 발급해 운영한 적도 있다. 최근에는 로컬푸드 학습모임을 지역에서 조직하고 농민장터를 학습모임을 함께 결성한 사회적 경제 조직들과 운영하기도 했었다. 교육 프로그램은 분기별로 진행하는 자활학당이라는 명칭의 주민교양강좌와 연초에 사업오리엔테이션으로 여는 자활대학으로 구분되는데, 자활대학의 경우 대학 강의실에서 하기도 하며, 봉사활동이 프로그램에 포함되기도 한다. 대학생으로서의 분위기를 조성하고자 함이다. 이런 과정에서 문화바우처를 적극 활용하기도 한다.

상조회를 운영하기도 했었는데, 건강한 노동자성이 확보되지 못하고 위계적 성격이 나타나면서 해산한 적이 있다. 월 1회 반장-실무자 연석회의를 조직해 자활사업 참여자와 공동으로 사업 운영을 도모한다. 지역의 규모가 작아서 시민단체가 많지는 않으나 〈의제21〉에 적극 참여해 이를 활용하고 있으며, 사회적 경제 조직과의 활발한 네트워크를 창출하고 있다.

16) 사례기관 16

사례기관 16은 2000년에 지정을 받고 사업을 시작했다. 모법인은 지역의 시민단체인데, 회원이 1,000여명에 이를 정도로 지역에서 큰 조직이다. 그러나 지역자활센터와 모법인은 서로 독립적인 관계를 유지한다. 종사자들은 1명을 제외하고는 모두 4년차 이상일 정도로 근속이 안정적이다.

지역의 시민단체 활동이 비교적 활발하나, 토호들의 지배력이 강하기도 하다. 장기적으로는 인구가 유출되는 추세이다. 사례기관 16의 지역 내 활동은 비교적 활발한 편이다. 얼마 전부터 아름다운 가게를 운영하면서 수익금의 일부를 지역에 환원하고 있다. 이 지역에는 지역자활센터 외에 타기관의 자활근로 참여도 활발한데, 이들과 자활기관실무협의체 등 자활사업 관련 연계활동이 활발하다. 정보교류뿐 아니라 공동사업도 조직되는데, 얼마 전에는 자활올림피아드를 조직하기도 했다. 여기에는 자활사업 참여 조직 외에 타 시민조직이 참여하기도 했었다.

최근에는 지역 내 단체들과 지역통화인 품앗이를 조직하기 시작했는데, 약 70여명의 회원이 참여하고 있다. 사례기관 16은 자활사업 참여자들이 자활사업 참여자가 아닌 지역의 개인으로 자리매김 되기를 바라는데, 품앗이에의 참여는 이의 한 방법이 될 것으로 믿는다. 이외에 로컬푸드를 고민하면서 지역의 연구조직과 영농조합, 여성농민회 등 시민조직들과 함께 학습과 연구를 진행 중이다. 이러한 시도들은 자활사업이 그간 확대되어 왔으나 지역은 변하지 않았다는 판단에 기반한다. 이러한 문제를 극복하기 위해서는 지역자활센터의 활동이 생태적 관계망으로 짜여 져야 한다고 생각한다. 이러한 관계망의 직조에서 지역자활센터는 자기 역할과 기능을 잘 잡아서 지역 내 중간지원기관으로서 역할을 해야 한다고 바라본다.

17) 사례기관 17

사례기관 17은 2001년 12월에 지정을 받고 2002년부터 사업을 시작했다. 모법인은 지역의 기독교계 인사들이 만든 조직이다. 기관이 위치한 지역은 행정구역상으로는 郡이나 인구는 10만이 넘는 지역이다. 지역 인구 중 수급자는 4천여명 정도이며, 모법인이 지역의 대표적인 복지 공급 조직이다. 그러나 모법인의 중심이 지역자활센터이고, 사실상 지역자활센터의 사업 운영 속에서 모법인의 복지 공급 활동이 조직되었으므로 지역자활센터가 이 지역에서 복지 공급의 핵심적인 역할을 한다고 볼 수 있다. 사례기관 17은 창립멤버의 절반 가량이 아직도 근무를 하고 있을 만큼 안정적으로 운영된다.

사례기관 17의 가장 큰 특징은 지역에서 돋보이는 복지공급 조직으로서의 역할과 '자활의 거리' 조성이다. 지역의 복지 인프라가 취약한 가운데, 기관의 활동은 복지 공급에 많은 역할을 부여하고 있으며, 기관 또한 이러한 역할을 적극 수행한다. 한편, 사례기관 17은 이 지역의 구 시가지에 위치해있다. 그런데 이 일대에 지역자활센터와 각종 자활사업단, 모법인 및 모법인의 부설기관이 밀집해있다. 사례기관은 지역자활센터를 비롯해 가난한 이들의 사업체들이 밀집한 거리를 조성하고 여기에 자활을 위한 기금을 투자한다면 좋은 성과를 낳을 수 있을 것이라는 구상을 밝히기도 했다.

한편, 최근 사례기관 17은 자활공동체를 여러 개 묶어서 주식회사를 설립했다. 자활공동체의 경쟁력이 취약하고 사회적 기업 인증이 어려운 가운데 택한 방책이며, 대표이사는 기관의 운영지원위원장 출신이다. 또한 무이자·무보증·무기간의 자활연대은행이라는 명칭의 주민지원 금융 프로그램을 운영하고 있기도 하다. 아직 주민자치조직은 아니며 모법인과 지역자활센터가 주도한다.

18) 사례기관 18

사례기관 18은 2001년에 지정을 받고 사업을 시작했다. 모법인은 가톨릭 계열의 선교기관이었으나 최근 별도 법인으로 독립했다. 기관이 위치한 지자체는 수급자가 매우 많으며 빈부격차가 심한 지역이다. 지역의 경제는 서울과의 관계 속에서 유지될 정도로 서울과 밀접한 관계에 놓여있다. 기관의 분위기는 유연하고 역동적이며 회의를 강조한다. 회의를 열심히 해야 목표를 공유한다고 믿는다. 실무자들은 대부분 5년 가량 근속을 하고 있다.

지역에는 많은 시민조직들이 활동하고 있으나 결속력이 강하지는 않으며, 생협도 여러 개가 활동 중이다. 최근 사회적기업과 관련한 연대모임이 조직되었으나 현장 조직 경험이 없는 이들이 주도하는 한계를 보인다. 기관의 지역 활동은 생협과 연계하는 활동이나 지역의 시민조직들이 조직하는 지역 축제, 사회복지 관련 공식 협의체 등을 위주로 이뤄진다.

주민자치조직으로는 주민금고와 산악회가 있다. 주민금고는 전임관장의 후원금을 종자돈으로 해서 조직되었으며, 150여명이 가입되어 있다. 실무자들도 이용하나 예금만 하고 대출은 자활사업 참여자에게만 국한된다. 자활공동체의 리더들이 주민금고의 지도부를 이루고 기관장은 이사로 참여한다. 산악회는 초기에 지원했다 안정된 후에 지원을 중단했다.

사업운영은 자활근로와 자활공동체가 서로 연결되어 있으며, 최근에는 자활공동체를 묶어서 법인으로 재조직한 후에 전문적인 인력을 고용해 전문화 시킬 구상을 하고 있다. 자활공동체의 리더들은 사업 초창기에 발굴해서 오랫동안 교감해온 이들이다. 이들은 기관의 회의도 함께 참석한다.

19) 사례기관 19

사례기관 19는 2002년에 지정을 받고 사업을 시작했다. 기관이 위치한 지역은 전형적인 농촌으로 인구감소와 노령화가 가속화되고 있다. 또한 사례기관 19와 노인복지센터 1곳을 제외하면 공공적인 복지를 공급하는 조직이 없을 정도로 복지인프라가 매우 취약한 지역이다. 모법인은 교회이며, 지역에서 오랫동안 장기수 지원, 신협의 조직 등 활발한 지역활동을 전개해온 교회이다. 과거 이 지역 농민회의 주축이 이 교회 출신이었다.

사례기관 19는 농촌지역에 위치한 기관답게 지역의 복지 공급에 중요한 역할을 한다. 사회서비스 사업이나 결식계층 지원사업에 참여하고 있을뿐 아니라 후원금을 조성해 장학금을 지급하고 빈곤 노인을 후원하는 활동을 한다. 전반적으로 지방정부와의 관계는 좋은 편인데, 과거 재활용사업을 운영하면서 관공서와 협력시스템을 통해 사업 성과를 지자체의 성과로 만들어주기도 했있다. 또한 재활용사업의 경우 계몽활동도 병행하면서 사업의 공공적 성격을 놓치지 않으려 노력하기도 했었다.

주민자치조직으로는 상조회가 있다. 애초 기관장은 노조 성격으로 구성할 것을 주문했으나 그렇게 운영되지는 않으며, 주로 사업단 반장 등 상조회의 리더가 주도해서 기관의 행사를 준비하거나 상호부조를 하는 정도이다. 상조회 회장은 당연직 운영지원이기도 하다.

사업 운영에서는 농촌 지역에서 중요한 시사점을 제공해주는 사례를 조직하고 있는데, 하나는 체험마을 사업과의 연계이고 또 하나는 자활생산품 매장의 운영이다. 사례기관 19에서는 찜질방을 사업단으로 운영하고 있는데, 이 사업단은 체험마을과 연계해 관광객을 유치한다. 단순히 숙박제공이 아니라 황토염색 체험과 숯의 생산 및 판매를 하고 있으며, 황토벽돌도 사업의 부산물로 생산하고 있다. 자활생산품 매장은 지역의 유가공업체의 생산품 판매를 협조하기 위해 구상했다가 지역 농특산물과 인근 지역의 자활생산품을 함께 판매하고 있다.

IV

사례로 본 지역화 실천

1. 자활사업 참여자들의 위상과 역할에 대한 대응

1) 자활사업 참여자에서 지역의 주체로 재구성

지역자활센터의 사업 참여자들은 대체로 일반 노동시장에서 경쟁력을 갖기 어려운 노동시장으로부터 배제된 이들이다. '배제'는 참여하지 못함을 뜻하며, 그로 인해 현재의 상황에서 벗어나지 못하고 계속 머무르거나 악화라는 악순환을 겪게 한다. 배제의 극복은 '참여'를 통해 이뤄진다. 빈곤층이 지역자활센터의 사업에 참여하는 것도 일종의 참여로 노동시장의 측면에서 보면 노동시장에의 참여이다.

그러면, 자활사업에 참여하는 것으로 배제를 극복할 수 있을 것인가? 배제 극복의 가능성은 갖지만 전적인 해법은 되지 않는다. 자활사업 참여라는 것은 적극적 참여라기보다는 수동적 참여에 가깝다. 사회적으로는 일종의 낙인(stigma)으로 작용하기도 한다. 결국 자활사업에의 참여를 넘어 적극적인 사회 참여를 이끌어낼 때 자활사업의 목표 달성은 좀 더 가까워질 수 있다.

적극적인 사회 참여는 시민(citizen)의 역할이다. 신진욱(2009)에 의하면, 공동체의 관심사를 공유하고, 자유롭고 평등한 주체로 서로 관계 맺으며, 공동의 문제를 함께 숙의하고 해결하는 사람이 시민이다. 배제나 수동적인 참여에서는 이런 개념이 성립하지 못한다. 결국 시민은 사회 안에서 주체적으로 자기 역할을 하는 자이다. 사례기관들이 자활사업 참여자와 맺는 관계의 방식을 보면, 단순히 자활사업 참여자로 이들을 규정하는 것이 아니라 시민, 즉 지역의 주체로 재구성[21]하려는 시도를 부단하게 진행

---

21 '재구성'은 기존의 관계와 다른 관계를 만들어가는 것을 설명하기 위해 사용한 용어로 정체성과 결부된다. 자활사업 참여자가 지역에서 자활사업 참여자로서의 정체성을 갖는다면, 지역자활센터와의 관

함이 나타난다. 이런 시도는 교육을 비롯해서 주민자치조직의 결성, 기관 내부에서 자기결정력의 강화로 나타나며, 심지어 자활사업의 밖에서 지역 주민으로 만나려는 시도를 하는 기관도 있다.

① 주체적 시민으로의 자리매김을 위한 교육

시민이 갖는 속성으로 볼 때 자각하지 못하는 이는 시민이 될 수 없다. 자각은 스스로 깨치는 것이지만 혼자서가 아니라 관계 속에서 가능하다. 교육은 노동과 함께 지역자활센터와 자활사업 참여자가 맺는 관계의 주요 구성 요소이다. 지역자활센터들은 일상적인 사업 운영 속에서 교육에 많은 비중을 둔다. 대체로 연초에 진행하는 오리엔테이션에서부터 야유회, 문화탐방, 기능교육, 월례교육 등 매우 다양하다.

이처럼 교육을 진행하는 것은 현재의 상황을 이해하거나 현재 상황으로부터 뭔가 변화를 이끌어내기 위해서이다. 그러나 교육을 위한 교육이 되지 않으려면 목표가 뚜렷하고 교육 방법은 목표 실현에 부합해야 한다. 그리고 커리큘럼은 피교육자의 욕구나 상태에 기반해야 한다. 그러나 종종 교육들이 참여자의 욕구나 상태에 기반하지 못하고 실무자들이 판단해서 기획 및 운영된다. 이는 수동적 참여를 반복시킨다.

사례기관들 중 일부에서는 교육에 대해 다른 방식으로 접근하는 경우가 발견된다. 사례기관 15는 분기별로 자활학당이라는 이름으로 교양강좌를 진행한다. 주목할 것은 이 강좌를 사업 참여자들의 욕구를 파악해서 기획을 한다는 것이다.

계는 위계적일 수밖에 없다. 그러나 이들이 시민으로서의 정체성을 가질 때 지역자활센터는 지역에서 동등한 시민사회의 구성원으로서 연대할 수 있는 집단을 만나게 된다.

학당은 아까 말씀드렸던 것처럼 교양강좌… 많잖아요… 관심갖는 거… 그리고 욕구들이 다양한데… 그런 것들을 저희가 미리 좀 파악을 해요. 교육도, 일반적인 교육은 주입식 교육인데… 주민들이 후회되는 교육 같아요. 초기에 어떤 교육의 강의를 들었으면 좋겠느냐고 미리 파악을 해요. 많은 분들이… 부모로서 자녀한테 하고 싶은… 가져야할 태도… 훈계해야 될 때… 자녀상담에 관한 이야기도 많이 나오기도 하고 가정경제, 역사, 문화… 이런 것들 많이 하세요.(사례기관 15)

사례기관 15는 자활학당 이외에 연초에 진행하는 오리엔테이션을 자활대학이라는 이름으로 진행한다. 그런데 이름만 대학이 아니라 실제 대학으로부터 장소를 빌리고 대학 수업과 같이 자활사업 참여자들이 참여하고 싶은 교육을 선택하도록 한다. 수료식에서는 학사복과 학사모가 제공된다. 사소한 것 같지만 이를 통해서 자활사업 참여자들이 경험하지 못했던 대학 수업의 느낌을 갖게 된다. 물론 중요한 것은 비록 제한된 범위 내에서나마 교육에 대한 선택권을 행사할 수 있다는 것이다.

사례기관 10은 교육을 강조하지만, 교육이 아닌 것처럼 교육이 이뤄져야 한다고 생각한다. 대개의 교육이 드러내는 의도성이 오히려 기대했던 효과를 갖기 어렵게 할 수 있다는 것을 경계하는 것이다. 사례기관 10은 이처럼 교육을 표방하지 않는 교육이 자활사업 참여자만이 아니라 실무자들에게도 자연스럽게 교육이 된다고 제기한다. 미국의 의료보험 실태를 다큐멘터리 방식으로 풍자한 영화 〈식코〉를 상영해서 사업 참여자와 실무자들이 같이 보거나 환경콘서트를 유치하거나 하는 방식이 그렇다. 이는 일종의 문화 체험이지만 사회에 대한 인식을 재고할 수 있고, 자기를 돌아볼 수 있는 훌륭한 교육이 된다는 것이다.

네네… 전체… 자활참여주민들의 정기교육이에요… 정기교육의 어떤 부분들

을 저희가 주로… 많이 올해 하냐면… ○○○씨(가수 이름 — 필자 주)가 와서… ○

○○의 환경콘서트… 이런 걸 해요… 기독교환경연대   그 찌기 순회교육 하잖

아요… ○○○콘서트… 이런 착한노래 만들기… 이런 교육을 짧지만 노래로 풀

어요. 이분이 노래하면서 멘트하는 노래 자체가 구구절절이 우리주민들 의식화

에요… 우리 실무자들 의식화가 되는 거죠. 근데 이 사람이 무슨 운동권 강사라

고 초빙한 게 아니거든요. 좋은 일을 하는 사람이거든요. 좋은 일을 하는 사람

모셔다가 이런 걸 듣는다거나, 아니면 인권위원회에서 3월에 인권교육을 했는

데 사회권교육을 했어요. 어렵긴 한데 좋은 이야기죠. 우리가 얼마나 소중한 사

람인지, 어떤 권리를 갖고 있는지에 대해서 강사가 와가지고 1시간 반 정도 이야

기도 하고. 빔 쏴가지고 자료도 주면서 그런 교육의 과정 속에서 우리주민들의

모습… 주민들이 전체가 다… 저 삶이 내 삶이야… 바뀌긴 어려울 수 있지만…

우리 실무자들도 그렇고… 그 속에서 자연스럽게 변하는 것 같아요.(사례기관 10)

이외에도 사례기관 13은 회의가 교육이라고 생각한다. 회의를 통해서 자연스럽게 가치나 비전이 전달 및 공유되며, 자기 결정력도 생기기 때문이다. 사례기관 2의 경우는 자활사업 참여자들이 스스로 사업계획서를 작성해서 발표하도록 하고 이 내용이 공유될 수 있도록 한다. 자기가 참여하는 사업의 비전을 자활사업 참여자들이 스스로 세울 수 있도록 하는 셈이다. 특히 이 과정에서 사업단이 지역의 문제와 밀접히 결합되어 있음을 깨달을 수 있도록 유도해 지역의 한 주체로서 자기 인식을 할 수 있도록 한다.

왜 힘드냐면, 그냥 가게에서 시키면 딱 옵니다. 그런데 그걸 시키는 의미가 있

어야 하잖아요. 도시락(사업단을 지칭 — 필자 주)에서 왜 여기 것을 시켜 줘야 하는

지 그 의미가 있어야 하잖아요. 그래서 저희도 일단 같이 좀 갔으면 좋겠고. 그런 생각을 좀 가졌으면 좋겠다고 생각하는 이유는 일단 농업기반이 무너졌기 때문에… 농업기반을 지키는 역할… 그래서 도시락도 같이 역할을 한다는 거죠. 또 도시락에서 영농에서 환경농업을 하면, 이것을 가지고 와서 여기서 환경운동을 한다거나 그리고 이걸 통해서 지역의 어떤 커뮤니티라 그러나? 커뮤니티가 형성이 되는 거예요. 그냥 사업단이면 사업단마다 네트워크가, 그냥 회의가 아니라 뭔가가 왔다 갔다 하고. 그걸 통해서 가치를 느끼자.(사례기관 2)

이처럼 사업 참여자의 욕구를 반영한 교육 기획, 교육 선택권의 제공, 문화체험을 통한 사회 문제에 대한 인식, 회의라는 평등한 의사소통시스템 중시, 사업단에 대한 자기 비전 수립 등은 사업 참여자에게 기관과의 관계에서 좀 더 수평적인 자리매김을 할 수 있는 기회를 줄 수 있다. 물론 기관과의 관계뿐 아니라 사회 속에서의 자리매김에도 영향을 미칠 것이다. 이러한 교육 프로그램을 한 마디로 정리한다면, '주체적 시민으로서의 자리매김을 목적으로 하는 교육'이 되겠다. 가령, 교육에 초점을 많이 두는 사례기관 8은 다음과 같이 이야기한다.

그러니까… 그분이 그 개인의 삶에서 주체적으로 살아갈 수 있는 거… 주체적인 삶은 개인한테도 있고, 사업단한테도… 사업단으로서 사업단의 어떤… 주체로서 주체적이 되고, 사회… 시민사회의 시민으로서도 주체적이어야 된다. 그리고 뭐 등등의 목표를 갖고 있죠. 민주시민이 되어야 된다. 그러면 민주시민은 어떤 거냐? 뭐 이래갖고 그 어떤 목적도… 나도 뭐… 사회의 그 어떤… 소외된 사람들을… 나도 소외되었지만, 나도 오히려 소외를 시킬 수 있는 거잖아요. 우리가… 그런 것도 하자… 민주시민으로서의 자질이 뭐냐… 그러면 사회문제도 어떻게 그럼 바라볼 거냐? 이런 것들에 대한 걸 해서… 교육에 대해서 좀 많이 투

자를 하는 편이예요…(사례기관 8)

앞선 사례기관들에서도 그러한 모습이 나타났지만, 사례기관 8은 이처럼 목적의식적으로 주체적 시민으로서 자리매김에 주안점을 둔 교육 프로그램을 운영한다. 물론 이러한 교육 운영의 효과가 짧은 시간 내에 가시적으로 나타나는 것은 아니다. 그러나 일관되고 꾸준하게 지속되는 교육은 어느 순간에 큰 변화를 느끼게 한다.

② 주민자치조직의 결성

주민자치조직은 자활사업 참여자들이 스스로 운영하는 조직으로 대개 상조회나 주민금고, 동호회 등으로 나타난다. 이 중 동호회는 주로 취미와 관련한 일종의 자율적인 모임이다. 대체로 초기 조직화에서는 지역자활센터들이 활동을 지원하지만 일정한 궤도에 오르면 종종 기관과 관계없이 자체적으로 운영되곤 한다.

상조회는 대체로 사업 참여자들이 회비를 갹출해 상호부조를 목표로 운영되며, 주민금고는 사업 참여자들이 출자를 해서 운영한다. 출자자 중 일정한 자격이 되는 이들에게는 대출도 이뤄지며, 경우에 따라서는 자활사업단에 투자를 하는 기관도 있다. 기관들은 주민금고의 조직 과정에 개입을 하지만 일단 주민금고가 출범하면 여러 이사 중 하나가 되거나 실무를 담당하는 선에서 그치고 사업 참여자들이 운영을 한다. 상조회도 일부 이런 방식으로 운영된다.

상조회나 주민금고를 통해서 자활사업 참여자들은 사업장이 매개가 되어 자신들에게 필요한 조직을 스스로 운영하는 기회를 가질 뿐 아니라 기관의 사업에 직접 참여하는 통로를 확보하기도 한다. 대체로 상조회나 주민금고의 대표들은 기관의 운영지원위원회 등에 참여하기 때문이다. 이처

럼 주민자치조직은 자활사업 참여자들에게 스스로 어떤 조직을 운영할 기
회만 제공하는 게 아니라 사실상, 자신들을 고용하고 있는 기관의 운영에
참여할 수 있는 기회를 제공하기도 한다.

이뿐만 아니다. 자활사업 참여자들의 상당수는 일반 금융기관을 이용하
기 어려운 금융배제자이기도 하다. 그런 이들에게 주민금고는 출자와 예
금, 그리고 대출을 통해서 그들 스스로 금융을 조직해서 이용하는 기회를
창출하는 의미를 부여한다. 이런 점들로 볼 때 주민자치조직은 자활사업
참여자들이 조직한 자율적 보호망이기도 하다.

주민금고는 대체로 참여 주민들에 대한 교육과 상당 기간의 교감을 바탕
으로 운영에 동의가 이뤄지고 바자회 등을 통해 종자돈을 마련한 후 회원
가입자들로부터 출자를 받는다. 이렇게 해서 마련된 운영기금은 주로 대
출에 활용된다. 출자금은 주민금고 탈퇴 시에 돌려주며, 운영기금은 지역
자활센터의 주거래 금융기관에 주로 예치된다. 경우에 따라서는 자활사업

〈표 4-1〉 사례기관 8의 주민금고 운영 사례

	내 용	비 고
결성 경위	-. 2003년 주민지도자 교육 프로그램 중 주민금고 운영 사례 탐방 → 모임 결성 후 1년 동안 학습 → 1,000만원의 자산 확보를 목표로 설정 → 일일호프로 종자돈 마련 → 2005년 창립	주민들이 정관 작성 등 조직화 주도
자산	-. 자산 조성 : 일일호프 등 수익 사업 + 출자 -. 출자 : 1구좌당 5,000원 -. 자산규모 : 2,500만원	
대출	-. 대출 규모 : 최대 50만원 -. 대출자격 : 10구좌 이상 출자자	대출상환 사고 사례 있음
조합원	-. 1조합원 : 자활사업 참여 주민 -. 2조합원 : 지역자활센터 실무자, 지역 주민 -. 3조합원 : 지역자활센터, 모법인	참여 주민들로 이사진 구성
기금예치	-. 과거 지역주민운동을 통해 결성된 신협에 예치	신협에서 교육 지원

자료: 면접 조사 참조 구성.

참여 주민 외의 지역 주민들이 조합원으로 참여하는 경우도 있으나 이런 경우는 대체로 후원의 측면에서 참여하므로 대출에 제약을 받는다. 대출 이자는 무이자이거나 연 4% 안팎으로 매우 서렴하다(자활정책연구소, 2009). 대출은 주로 50만원~200만원이다. 이 중 사례기관 8의 주민금고 운영 사례를 구성하면 〈표 4-1〉과 같다.

　주민금고는 사업 참여자에 대한 대출뿐 아니라 자활사업단에 투자하는 경우도 있다. 사례기관 1의 주민금고에는 자활사업 참여자만이 아니라 자활공동체도 참여한다. 자활공동체의 자본금이 일반 금융기관이 아닌 주민금고에 예치되었기 때문에 자활사업단에 투자할 수 있을 정도로 상당한 규모의 기금을 운영할 수 있었던 것이다.

> 그리고 사업단에… 가령 우리가 지금 김치공장을 만들었잖아요. 그러면 그 기금에서 외부의 기금에서도 후원받고, 내부적으로 공동체들이 투자를 하는 상황들이 있는데, 이 기금에 투자를 해줬어요. 그래서 이 기금에서 이 김치공장 과정으로… 초기에 세팅하는데 대출을 해준 거예요.(사례기관 1)

　상조회는 주민금고에 비해 좀 더 많다. 이 중 사례기관 11은 지역자활센터 내 상조회라기보다는 모법인의 상조회로서 성격을 갖는데, 300여명이 참여할 정도로 큰 규모이다. 흔히 상조회가 애경사를 중심으로 움직이는데 반해 사례기관 11의 상조회는 취업을 서로 돕는다는 취지를 가지며, 때로는 지역 내에서 실업 문제를 중심으로 적극적인 이슈 제기를 하는 시민조직으로서의 역할도 한다. 주민자치조직을 운영하는 지역자활센터 중에는 자활사업 참여자들의 자치적인 활동을 배려하기 위해 근무시간을 할애하는 경우가 많은데 비해 사례기관 11은 상조회의 활동을 주로 주말이나 근무시간 외에 진행한다. 자치 활동과 근무는 분리되어야 한다는 것이다.

응답자: 취업상조회 자체가 신입회원 교육도 있고 중간중간 교육도 하고… 그래서… 그리고 월례회 이런 걸 하면서 그 속에서 그거는 하구요.

질문자1: 그러면… 근데 취업상조회에서 교육을 해야겠다. 근데 그 시간이 자활근로 업무시간이다 이러한 경우들은?

응답자: 외부에 가 계신 분들이 많아서… 취업상조회는 낮 시간을 이용 못해요~ 어차피 다 저녁때고 주말만해요~

질문자 2: 아~~~ 그때 오셔요?

질문자 1: 주말에도… 자활근로 참여하시는 분들도 기꺼이?

응답자: 주말이나 평일 날 저녁때 하죠~ 원래에는 다 평일 7시에 하구요. 행사는 주로 주말에 하고… 그거는 저는 습관들이기 나름이라 생각되는 데요.(사례기관 11)

농촌 지역에 위치한 사례기관 19는 기관 차원에서 자활사업 참여자들이 노조로서의 성격을 갖는 상조회의 운영을 주문하기도 했었다. 기관과 자

〈표 4-2〉 사례기관 11의 상조회 운영 사례

	내 용	비 고
결성	-. 2000년 7월 모법인에서 공공근로 위탁사업 참여자들 조직화 -. 지역자활센터 지정 후 자활근로 참여자 합류	
운영 시스템	-. 월회비 5,000원 -. 모법인에서 지역 자원 연계 -. 8개 분회로 구성되었으며, 운영위원회가 지도부 -. 센터장은 상조회 실무자로 참여 -. 상조회 대표는 모법인의 당연직 이사	
활동	-. 상호 부조 : 혼인, 喪 -. 문화 활동 및 교육 : 야유회, 수련회, 총회	최근 주민금고 고민 중
회원	-. 자활근로사업, 자활공동체, 사회적 기업 참여자들 개인 자격으로 참여	

자료: 면접 조사 참조 구성.

활사업 참여자 간에 동등한 관계가 이루어져야 한다는 의도에서였다. 기관의 의도에도 불구하고 상조회는 상호부조에 국한된 활동을 하는데 그치고 있다. 그러나 기관의 연간 프로그램 기획이나 일상 프로그램 운영에서 상조회는 의견을 제시하기도 하며, 때로 기관 차원에서 진행하는 전체적인 행사에 재정을 분담하기도 한다.

> 상조회를 노조 성격을 갖는 상조회를 조직을 하라고 그랬는데, 그게 성사가 안 됐어요. 결속력이 부족했던 거죠. 주민조직이나 그런 것들이. 그래서 상호부조성격의 상조회로. 순수하게 상조회로 운영이 되고 있고. 또 하나 그 기능을 하지 못하면서 반장회의를 해요. 아마 반장회의는 기관들 마다 있을 거예요. 반장회의를 하는데. 기관에서 행사하는 그 주민들을 위한 행사들. 뭐, 야유회를 간다든지 아니면 자활학교를 한다든지 일년 계획을 짤 때 주민들의 의견을 들어요. 예를 들어서 얼마 전에 우리가 단풍놀이를 갔는데 "우리 기관에서 단풍놀이 계획이 있습니다. 단풍놀이 계획이 있는데 이 행사를 어떻게 꾸리면 좋겠습니까?" 물어요. 그러면 장소나 야유회 가서 하는 내용이나 준비해야 할 것 있잖아요. 먹거리 그런 것들을 그 준비를 하죠. 재원은 기관에서 행사지원비로 내기도 하고 상조회비에서 일부 내고. 후원도 받고.(사례기관 19)

주민자치조직의 결성은 지역자활센터가 자활사업 참여자들에게 비전으로 제시할 수는 있지만 주도하는 것은 바람직하지 않다. 자활사업 참여자들이 스스로 운영해나가기 때문이다. 그래서 많은 주민자치조직의 결성은 상당한 수준의 교육과 준비 기간을 전제로 한다. 사례기관 8은 1년 이상의 준비 기간을 거쳤고 조직의 성격도 상조회로 할 것인지 주민금고로 할 것인지를 자활사업 참여자들이 결정했다. 사례기관 4도 1년 이상의 준비 기간을 거쳤으며, 사례기관 10도 주민자치조직의 성격을 자활사업 참여자들이 결정해서 주민금고로 정했다.

주민자치조직은 자활사업 참여자들이 단순히 자활사업에 참여하고 노동을 하고 급여를 받는 이들이 아니라 자신들에게 도움이 되는 활동을 스스로 조직하고 운영해나갈 수 있는 이들임을 보여준다. 자신들의 현재 상태를 인지하고 스스로의 노력과 판단에 의해 자신들에게 도움이 되는 조직을 만들고 운영해나간다는 점에서 주민자치조직은 자활사업 참여자가 자신들의 문제에 대한 주체적 대응을 통해 시민으로 재구성되는 경로이다.

③ 기관 내부에서 자기결정력의 강화

지역자활센터와 자활사업 참여자들의 관계는 기본적으로 고용-피고용의 관계이다. 그리고 자활사업 참여자의 목소리가 공식적이고도 집합적으로 전달될 수 있는 통로가 없는데다, 자활사업 참여가 어쩔 수 없는 현실에서 택하기 때문에 전반적인 관계의 주도성을 기관에서 쥔다. 따라서 사업에 임함에 있어 자활사업 참여자들의 자기결정력이 약하고 수동적으로 참여할 가능성이 크다. 자활사업 참여에 대한 이러한 태도는 자활사업에만 국한되지 않는다. 일상생활에서도 이런 모습들이 종종 나타난다. 또한 이들은 주어진 상황에 대한 분석 능력이나 합리적 판단 능력에서 취약한 면모를 종종 드러낸다. 그래서 지역자활센터들은 교육이나 주민자치조직의 운영을 통해서 자활사업 참여자들의 자기결정력을 높이려 한다.

자활사업 참여자들의 자기결정력 강화를 위한 지역자활센터의 의도는 기관 내부의 시스템 구축으로 나타나기도 한다. 이의 가장 일반적인 형식은 자활사업 참여자 대표가 참가하도록 되어 있는 운영지원위원회와 각 사업단의 대표들로 구성된[22] 반장회의이다. 운영지원위원회는 제도적으로

---

[22] 지역자활센터 운영지침에 의하면, 운영지원위원회는 '지역사회 주민대표', '참여자대표', '관계공무원', '기타 지역복지사업에 지식과 경험이 있는자'로 구성하며, 분기별 1회 이상 개최하도록 되어 있

명시된 시스템이이고 반장회의는 자발적으로 운영하는 시스템이다. 그런데 몇몇 사례기관은 이런 일반적인 상황보다 더 진전된 방식으로 기관 운영에 참여를 이끌어낸다.

가령, 앞서 제시한 사례기관 11은 상조회의 대표들이 모법인의 당연직이사가 된다. 사례기관 18은 일상적인 기관 회의에 사업단의 내표들이 참여한다.

> 네. 주민 분들은 덜하긴 한데… 리더들은 그렇게 하죠. 그렇게 하면서 계속 생각을 맞추고, 이런 과정… 회의 과정을 통해서 많이 성장을 시키구요. 회의보다 동등한 회의… 이것보다 더 하는 것은 없다고 생각이 들고…(사례기관 18)

사례기관 10은 운영지원위원회와 동격으로 주민대표자회의라는 기구를 두었다. 주민대표자회의가 설치된 것은 실무자들이 주도하는 게 아니라 주민들도 주도권을 가져야 한다는 취지에서이다. 그래서 주민대표자회의는 기관의 각종 프로그램이나 사업 참여자의 자치 활동에 대한 비중 있는 의사 결정을 한다.

> 실무자들이 주도하는 자활센터는 반쪽짜리다. 주민들이 거기에 주도권을 가져야된다. 주민들이 주도권을 가져야된다라는 게 어떤 예산 편성 하는데 있어서 주도권을 갖는다는 그런 당위적이 측면이 아니라… 예를 들어서 현장에서 자활사업 관련해가지고 지침과 제도에 대해서 얘기하는 것은 어쩔 수 없는 건 어쩔 수 없잖아요. 그렇지만 우리끼리 만들어나가는 우리 방식이 있을 텐데… 그런 것들을 실무자가 "이건 이렇게 하십시오. 이건 저렇게 하십시오."라는 게 아니

다(보건복지가족부, 2009).

라… 그 안에서 주민리더가 주민들과 함께 사업단에서… 어떤 문제가 있을 때 그걸 갖다가 합의해서 결정하고 그거를 전체 반장님들이 모여가지고… 또 결정하고…(중략)…저희가 나름대로 중요한 주민들 사업과정에서 발생하는 문제를 결정하는 주요단위가 주민대표자회의인거죠. 그래서 여기에서 캠프에 대해서도 같이 답사도 가구요. 캠프를 어떻게 프로그램을 운영할 것인지, 이번 송년회는 체육대회를 할 건지, 아니면 그냥 뭐라 그럴까… 뷔페에서 같이… 이렇게 서로 놀 건지. 뭘 할 건지에 대한 그런 결정이나… 이런 것들… 주민들과 같이하는 과정을 밟으면서… 주민대표자회의와 주민대표자회의에서 만들어진 자활주민금고… 주민금고도 저희가… 제가 던졌죠. 상조회도 하던데, 상조회 이런 거고… 주민금고는… 이런 건데… 어떤 걸 했으면 좋을까? 라고 제안을 했어요. 제안을 해가지고, ㅇㅇ(주민금고 운영 지역자활센터-필자 주)도 가보고 △△(주민금고 운영 지역자활센터-필자 주)도 가보면서… 아! 우리는 상조회보다는 주민금고가 맞겠다. 협동조합을… 신용협동조합을 만들자. 이렇게 결정한 과정이 주민들이 만든 거죠.(사례기관 10)

사례기관 13은 각 사업단에 총회, 운영위원회, 조합원평의회 등을 두어 각 사업단들이 자활사업 참여자들의 주도 속에서 운영될 수 있는 시스템을 마련했다.

질문자: 여기 ㅇㅇ건축(자활사업단 명 — 필자 주)이라고 하는 것을 보니까, 총회, 운영위원회, 공동체지원 조합원평의회, 기술지원회 이렇게 나눴어요. 아주 다양한 시스템들을 갖추고 있는데 다른 사업단들도 그렇습니까.
응답자: 네. 다 그런 식으로 합니다.
질문자: 조합원평의회라고 하면은?
응답자: 조합원도 몇 명 없지만 하여튼 저희들은 가장 중요한 거는… 주인이 돼

야 합니다. 그러니까 자기들 스스로 일어설 수 있도록 만들어 드려야

죠.(사례기관 13)

이처럼 시스템을 구축해 자활사업단이나 자활사업 참여자들이 기관과
의 관계에서 자기 결정력을 높일 수 있도록 하는 경우 외에 사업단의 일상
적 운영을 통해서 자기 결정력 강화를 시도하는 경우도 종종 있다.

가령, 사례기관 3은 자활사업 참여자들의 의견을 반영해 사업단을 조직
하기노 했었다.

저희 같은 경우는 참여주민들이 간담회를 통해서 조직을 하고, 그들이 간담회
에서 나오다가, 이 사업을 한번 해보자라고 하면 만드는 경우도 있고… 뭐 그렇
거든요? 주민들이 지금 '허브' 사업단을 하나 만들어 놓은 게 있는데, …(중
략)… 한 분이 아이디어를 내서, 또 이분이 거기에 관련된 기술을 가지고 있으시
더라구요. 그래서 거기에 맞는 아이템을 가지고 하나를 만들었는데…(사례기관 3)

매월 반장회의를 하는 사례기관 4는 연초에 진행하는 〈자활배움오리엔
테이션〉에서 자활사업단의 대표들이 기관 내 주민자치 활동에 대한 소개
를 하고 신규 사업 참여자들에게 동호회나 주민금고의 활동을 소개하도록
한다.

이제 뭐 처음 자활사업 시작하면 OT 하잖아요. 저희는 자활배움OT라고 하는
데, 그런 게 항상 팀장들이 뭐 일반 교육 이런 걸 할 때 수시로 얘기하고 그러고.
그 부분은 이제 저희들이 주민 대표자들이 하게끔 해요. 그러니까는 각 그 사업
단 마다 반장급들이 있잖아요. 그 분들이 매월 이제 회의를 하거든요. 그래서 그
분들이 오히려 뭐 저희들이 ○○산악회 이런 부분들이 있는데 우리가 실무자들

이 하는 게 아니라, 그 분들이 뭐 새로 들어온 분들은 주민금고에 가입하라 그러고. 출자하라 그러고. 대출 어떻게 받아야 된다. 이런 걸 알려주시는 그런 역할을 해주세요.(사례기관 4)

인큐베이팅 사업을 최초로 시도한 사례기관 6은 인큐베이팅 사업단 이후 사업단에 배치될 때 실무자뿐 아니라 사업단 참여자들의 평가를 반영해서 배치한다.

그래서 이제 팀장이 일단 파견나간 참여자에게 만족했느냐, 어떠냐? 이렇게 일단 물어보고. 그거 하나. 그 다음에 배치된 그 사업단의 주민자체 회의에서 이 사람은 이렇다 저렇다 그러는 거 하나. 그 다음에 팀장평가. 이렇게 세 가지를 가지고. 실무자들이 사례관리 회의를 저희는 한 달에 두 번 꼭 하거든요. 그래서 사례관리를 공통사례관리를 해요 저희는…(사례기관 6)

그런가 하면, 앞서도 소개한 사례기관 2는 반장제도를 없애고 사업단에서 추천받은 이들이 실무자들과 함께 분기별로 사업을 평가한다. 이는 교육의 의미를 갖기도 한다.

응답자: 일단, 각 사업의 비전을 좀 수립하자. 가치와 이념을 만들고, 가치와 이념이 있어야겠다. 그리고 이 사업이 어떤 뭐, 비전이 있어야겠다. 그러니까 이거를 센터와 참여자가 좀 더 공유하는 과정… 그게 지금 거의 2분기에 진행되고 있구요.
질문자: 어떻게 진행하셨어요? 교육으로요?
응답자: 어… 일단은 굉장히 어설프게 진행했지만, 공감하는 분위기예요. 최소한 이 사업에서 기존의 사업에 대한 그거를 좀 잊어버리고 진행자체를 새롭

게 이 사업은… 창업 아이디어를 짜낸다는 관점. 쭉 진행된 반성이 아니
라 이 사업은 우리 어쩔 수 없이 자활의 한계는 계속 일을 해야 되는데…
이 사업의 아이디어를 같이 만든다는 그때… 새로운 출발이라는 그러한
과정… 그런 과정을 좀… 1분기에 겪었다고 봐요. 그다음에 이제… 그걸
통해서 구체적으로 진행 되어야 하잖아요? 그래서 이러한 것들은 진행하
는 시스템… 회의가 참여자와 실무자의 회의로 분기마다 이제 하나의 평
가도 하고 얘기도 하고 이런 과정…(사례기관 2)

자활사업 참여자의 자기결정력 강화는 쉽게 이뤄질 수 있는 게 아니다.
그러나 이를 도모하지 못하면 지역자활센터와 자활사업 참여자와의 관계
는 고용-피고용이라는 위계적 관계에서 한발자국도 나아갈 수 없다. 자활
사업 참여자의 자기결정력 강화는 기관 내부에 기구 조직이라는 시스템을
통해서 할 수도 있고, 사업단의 일상적 운영 속에서 도모할 수도 있다. 분
명한 것은 이벤트적 방식으로는 달성할 수 없다는 것이다. 지역의 주체를
양성하는 것이 그리 쉽게 이뤄지지는 않는다. 무엇보다 꾸준하게 시도해
야 하며, 이러한 시도가 기관의 문화로 자리잡아야 한다.

④ 자활을 넘어선 지역 주민으로서의 관계 구축

자활근로는 보충급여와 조건 부과라는 시스템 속에 존재하며, 일자리의
사회적 위상은 매우 낮다. 심지어 낙인(stigma)도 존재한다. 게다가 업무
수행 성과를 반영한 승진과 급여 인상이 보장된 것도 아니다. 자활근로 뿐
아니라 사회적일자리 창출사업 등 지역자활센터에서 수행하는 다른 사업
도 마찬가지이다. 정부가 재원을 조성해 대규모의 고용을 창출하는 사업
들이 으레 그렇다. 이런 사회적-제도적 상황을 고려하면 자활사업 참여자
들이 자신들의 노동 활동 속에서 주체성을 갖도록 하기란 매우 어렵다.

물론 지역자활센터는 자활사업 참여자의 주체성을 중요시 여기며, 이를 도모하기 위해 다양한 프로그램을 개발하고 운영한다. 교육이나 자기결정권 강화를 위한 각종 시도가 그것이다. 그러나 지역자활센터와 사업 참여자와의 관계는 고용-피고용의 관계이다. 고용 측이 피고용 측의 주체성을 고양하는 것은 확실히 한계가 있을 수밖에 없다. 이런 점에서 볼 때 주민자치조직의 결성은 스스로 운영하는 조직을 만들기 때문에 중요하다.

그런데 주민자치조직은 지역자활센터와 직접적으로 연계되어 있다. 그래서 사례기관 16은 주민자치조직이 아닌 다른 경로로 고용-피고용 관계가 갖는 한계를 돌파하려 시도한다. 바로 지역통화의 실험이다.[23] 품앗이라는 이름으로 조직되는 지역통화에는 지역자활센터를 비롯해 다양한 지역 내 시민조직이 참여한다. 다시 말해서 지역자활센터는 지역통화에 참여하는 여러 조직 중 하나이다. 사례기관 16은 지역통화에서 지역자활센터 종사자와 자활사업 참여자의 관계가 고용—피고용이 아닌 지역의 구성원 간의 수평적인 만남으로 조직될 수 있을 것으로 본다.

> 이것은 자활 내에서 할 게 아니라 자활안팎에서 해야 되겠다. 제가 작년 올해부터 시민단체, 농민단체, 노동단체하고 품앗이놀이 하면서 이것도 하고 있어요. 자활만해서 안되겠다고 하는 건 자활내의 욕구는 많되 그분들의 재화와 서비스로 충족할 수 없는 부분들도 하나 있고. 또 한쪽으로는 ㅇㅇㅇ선생님(질문자 ― 필자 주)께서 잘 표현했던데 우리는 이거잖아요~고용-피고용의 관계잖아요.

---

23 현대 사회를 위험사회로 진단하는 독일의 사회학자 울리히 벡(Ulich Back)은 시민노동과 시민화폐를 통해 시민사회를 방어할 것을 제안한다. 시민노동이란 공적이고 중요하면서 동시에 효과적인 일을 수행하는 것으로, 자발적인 헌신을 기초로 정치적, 사회적 활동에 참가하는 것까지 포함된다. 시민노동에 대한 보상으로 벡은 시민화폐를 제안하는데, 이는 시민노동의 자율성에 대해 생활을 영위하는데 필요한 물질적, 비물질적 보장을 제공하는 것을 의미한다(황보람, 2007). 벡의 개념을 수용하자면 지역통화는 시민화폐인 셈이다. 또한 자활사업을 통해 조직되는 노동의 상당수도 시민노동으로서 적극적으로 해석될 여지가 있다.

제가 이제 지역통화하자 이러면 어떻게 되는 거죠? …(중략)…실제로 이분들이 이 참여하시는 분들이 자기욕구에 근거해서 가입하는 게 필요하고 그 만남이 자연스럽게… 내가 그 자활센터의 자활근로의 참여자가아니라, 내 이름으로 다른 사람들 만나는 게 필요하겠다. 그래서 자활 밖에서 얼개를 짜는 게 필요할까 싶어서…밖에서 짜고 있습니다. (사례기관 16)

1990년대 후반의 외환위기 이후 한동안 많은 지역에서 지역통화가 조직되었으나 대부분 실패했다. 그런데 최근 다시 지역통화의 조직화에 대한 관심이 높아져 가고 있다. 과거의 경험을 바탕으로 이번에는 좀 더 신중하게 준비되는 모습들이 엿보인다. 과거의 실패 이유는 여러 가지로 분석할 수 있겠지만, 지역통화의 구성원 간에 교환을 할 재화나 서비스가 부족했던 것도 큰 이유이다. 지역자활센터는 재화와 서비스를 생산하기 때문에 지역통화의 조직화에 상당히 큰 기여를 할 수 있는 잠재력이 있다. 그러나 자활사업을 통해 생산하는 재화와 서비스로만은 부족하다. 사례기관 16은 자활사업의 잠재력을 인정하되, 그것만으로는 부족하기 때문에 다양한 사회 집단과 함께 지역통화를 모색한다. 그리고 지역통화 속에서 자활사업 참여자들이 자활사업 참여자가 아닌 하나의 시민으로서 참여할 수 있을 것으로 기대한다.

오랜 주민운동의 전통을 가진 사례기관 9는 자활공동체 구성원들이 지역의 각급 시민단체나 사회적 경제 조직에 참여하는 지역 시민으로서 자리매김할 수 있도록 도모해왔다.

그런데 이제 공동체를 하면서는 지역과 연관을 많이 가지는 공동체들을 많이 만들자. 그래서 우리가 만나는 주민들의 멤버십을 이중 삼중으로 가져가자. 이를테면 우리가 지금 도시락(사례기관 9의 자활공동체 — 필자 주)에 있는 사람이 생

〈그림 4-1〉 사례기관 9의 자활사업 참여자와 지역의 관계

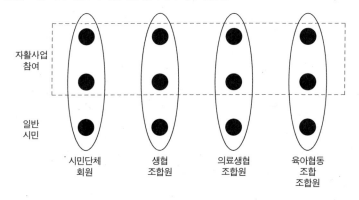

산협동조합 사람이면서 이를 테면 생협에, 의료 생협의 회원이면서 뭐 또 필요
하다면 공동육아, 지역에 협동조합이 여러 개 있거든요. 공동육아조합 회원이면
서. 이런 식으로 관계망을 중첩적으로 가져가면 그 멤버들이 지역사회에서 뭘
할 때마다 이제 어떤 그런 진보세력이 되는 거죠.(사례기관 9)

　이들은 자활사업 참여자와의 관계를 지역자활센터 외부에서 다시 맺어
야 한다고 생각한다. 궁극적으로 모든 시민은 다중적 정체성을 갖는다. 자
활사업 참여자도 마찬가지이다. 지역자활센터와의 관계 속에서만이 아니
라 지역 시민사회 내에서 또 다른 주체로 구성될 수 있다. 이 가능성을 지
역자활센터가 주도해서 현실화시킨다면, 지역자활센터의 지역 기반은 더
강화될 것이다.

2) 지역과 참여자의 상황을 반영한 탈빈곤의 경로의 설정

① 지역 속에서 탈빈곤 경로의 구성

자활사업 참여자들은 빈곤층이다. 따라서 지역자활센터의 활동에서 탈

빈곤 활동은 가장 기본이다. 지역자활센터들은 자활사업단을 조직해서 빈곤층을 참여시키고 노동을 통한 탈빈곤의 전망을 세운다. 그런데 누구나 알고 있지만 종종 간피하는 것이 바로 자활사업 참여자의 노동시장경쟁력이다. 대부분의 지역자활센터들은 자활사업 참여자의 노동시장경쟁력을 탓하면서도 정작 자활사업단을 일반적인 노동시장 진입자들로 구성된 조직과 차별성을 갖지 않은 채 운영한다. 사례기관들은 이러한 방식을 탈피하려고 노력한다.

사례기관 9는 지역사회 시장의 확보로 노동을 통한 탈빈곤의 가능성을 높여가려 한다. 지역사회 시장은 그간 (모법인을 포함해)기관의 지역 활동을 통해 구축한 각종 사업과 이들의 네트워크이다. 오랫동안 축적된 지역 활동이 자활사업단의 시장으로 활용되는 셈이다.

> 공부방도 지역에 40개인가 있거든요. 그걸 다 네트워크 해놨어요. 아동센터
> 네트워크도 있고 ○○네트워크도 있고, 그 네트워크를 이끄는 자들이 △△△△
> (모법인 ― 필자 주) 실무자들이에요. 공부방…그 단체가, 실제로 그 단체하고 굉
> 장히 긴밀하게 연결이 돼요. 거기에 리더들이 다 △△△△ 사람들이니까 어…
> 우리가 도시락 같은 거 하고 그러면은… 도시락이… 이제 수익구조를 만들어 나
> 갈 때 수익구조를 만들어 나갈 때 각 센터들에서 우리 도시락을 먹어주는 거
> 죠.(사례기관 9)

사례기관 14는 인근 지역자활센터들과 함께 광역자활공동체를 구성하기도 했다. 이 광역자활공동체는 최근 사회적 기업으로 인증을 받기도 했다. 지역자활센터들은 오래 전부터 연대를 강조해왔다. 그러나 지역자활센터들 간 연대를 통한 사업 운영은 쉽지 않다. 평가라는 제도적 제약[24]

24 복지부는 지역자활센터의 사업 운영을 평가하기 위한 지표를 설정하고 이에 입각해 지역자활센터를

과 함께 기관의 문화와 이해관계가 상이하기 때문이다. 그러나 이를 극복해야 연대가 이뤄지고 자활사업 참여자의 탈빈곤 가능성이 더욱 커질 수 있다.

부산시립의료원에 4개 지역자활센터에서 무료간병사 파견 → 병원 이전 후 노인병동 간병을 담당하고 28개 일자리 창출되면서 광역자활공동체 결의 → 사회연대은행에 자활공동체창업자금사업 대출 → 사무 공간과 교육 공간 확보 후 일반병원 계약 증가 → 180여명으로 사단법인 출범 → 광역자활공동체 인정 → 사회적 기업 인증

농촌에 위치한 사례기관 19는 체험마을과 연계한 사업으로 농촌지역 지역자활센터 활동에 시사점을 제공한다. 최근 그린투어리즘이 농촌의 변화를 이끌어낼 주요한 동력으로 관심을 모으고 있다. 성공적인 사례도 종종

〈그림 4-2〉 사례기관 19의 체험마을과 연계 활동

상 황	관 계	결 과
〈사례기관 19〉 체험마을 내 황토 찜질방 운영	체험마을은 관광객을 찜질방으로 연결해 찜질방에서 숙식 해결토록 유도하고 사례기관 19는 숯 염색, 황토염색, 황토벽돌 체험, 숯 삼겹살 등 프로그램 개발	〈사례기관 19〉 수익발생과 마을 활성화 기여
〈체험마을〉 - 연간 관광객 4만여명 - 취약한 숙박시설과 적은 프로그램 - 인근 지역으로 관광객 이동이 용이한 위치		〈체험마을〉 취약한 상황 극복하고 관광객 유치 가능성 확대

평가한다. 평가 결과는 지역자활센터의 보조금 규모와 연동되기 때문에 지역자활센터의 사업 운영이 평가 지표를 중심으로 이뤄지는 경향이 점차 강해지고 있다. 자활사업이 정부의 정책 사업이기 때문에 정부로서는 평가를 하지 않을 수 없다. 그러나 평가로 인해 자활사업이 규격화되고 현장의 창의력과 자발성을 훼손시키는 부정적인 측면이 있는 것은 분명하다.

보도된다. 그러나 농촌체험마을 중에는 운영 주체의 역량 부족으로 부실하게 운영되는 경우가 상당수이다. 사례기관 19는 인근의 체험마을과 협력이 가능한 사업은 반군채 기할시업단꾀 체험마을 모두에게 노움이 뇌는 기회를 만들었다. 농촌의 지역자활센터가 체험마을의 운영에 직접 개입할 필요는 없다. 그러나 사례기관 19처럼 서로 win-win하는 방법을 찾아낸다면, 좋은 성과들을 만들어낼 수 있을 것이다.

이 사례들은 지역자활센터가 지역 내 빈곤층의 탈빈곤 경로를 개별 지역자활센터 차원에서 구성하기보다는 지역과의 긴밀한 관계를 통해 구성해야 함을 보여준다. 지역자활센터의 사업 운영은 개별 기관의 역량이 아니라 사회적 자원의 조직화를 통해 도모해야 한다. 그것은 지역자활센터의 탈빈곤 활동이 개별 기관의 사업 영역이 아니라 지역이 함께 대처해야 하는 공동의 사업이기 때문이다. 이런 인식은 사업의 결과물도 지역에 귀결되어야 함을 의미한다. 사업의 결과물이 지역에 귀결될 때 지역자활센터가 확보하는 이익은 '지역으로부터의 신뢰'이다. 이는 물론 지역자활센터의 사업 운영에서 매우 중요한 자산으로 작용한다.

② 자활사업 참여자의 욕구와 상태를 반영한 탈빈곤 경로 구성

지역자활센터들이 자활사업을 설계할 때 이상적인 것은 지역의 빈곤층인 자활사업 참여자의 욕구와 상태를 반영하는 것이다. 그러나 이러한 문제의식이 현실에서 강한 힘을 발휘하기는 쉽지 않다. 일단은 여전히 많은 지역자활센터들에서 5대 표준화 사업의 비중이 크다. 또한 지역자활센터가 자체적으로 사업성이 좋다고 판단하거나 해야 된다고 생각하는 사업들을 사업의 아이템으로 선정하는 경우가 많다. 이러다 보니 자활사업 참여자들은 이미 세팅된 자활사업에 참여할 뿐 자신의 자활 경로를 스스로 설계하지 못한다.

<표 4-3> 사례기관 12의 사업단 조직 사례

	참여자	조직화 과정
전통체험장	일시적 빈곤층	-. 봉제기술, 염색기술 교육 -. 자기브랜드에 대한 미션 제공 -. 관련 모임 적극 참가, 인맥 조직화 유도 -. 기업사회공헌기금 유치
어린이집	유치원 정교사 자격증 보육교사자격증	-. 자격증 미소지자는 평생교육보육교사 과정 이수 -. 어린이집 보조교사 파견과 창업에 대한 미션 제공 -. 정교사 자격증 소지자 원장 자격 구비토록 교육
피부마사지	고졸 이상 젊은 여성	-. 평생교육원에서 과정 이수 -. 자격증 취득 후 현재 창업 모색

자료: 면접 조사 참조 구성.

이런 가운데서도 일부 사례기관에서는 지역의 빈곤층인 자활사업 참여자의 욕구와 상태를 반영하고자 하는 노력이 나타난다. 사례기관 3은 과거 자활사업 참여자의 의견을 반영해 사업단을 조직한 적이 있었다. 사례기관 2는 최근 자활사업 참여자가 사업계획서를 작성할 수 있도록 한다. 그러나 사례기관 3이 기관의 전체적인 운영 속에서 특수한 경우이고, 사례기관 2는 교육의 의미가 강한 반면에 사례기관 12는 상당히 많은 부분에서 자활사업 참여자의 욕구와 상태를 고려해 사업단을 조직한다.

사례기관 12가 주목한 것은 여성이라는 성적 특징, 점차 젊어지는 자활사업 참여자의 연령대, 높아지는 학력 등이다. 이런 점을 고려해서 높은 수준의 인적자본을 요하는 사업을 개발해야 한다고 생각했던 사례기관 12는 노동능력, 과거 경험, 자격증 유무 등을 고려해서 몇 개의 주목할 만한 자활사업단을 조직하기도 했다.

사례기관 12와 같은 조직화가 쉽지 않음은 분명하다. 그러나 지역자활센터의 자활사업 구상이 자활사업 참여자의 전반적인 상황과 욕구의 파악을 기초로 이뤄져야 함을 부인할 수는 없다. 현재 제도적으로 자활사업에는 자활사업 참여자의 선택권이 크게 제약되어 있다. 이는 탈빈곤을 도모해야할 주체인 자활사업 참여자가 정작 자기의 미래를 스스로 기획하고 구성해나갈 발휘할 기회를 만들지 못한다는 것을 의미한다. 그런 점에서 사례기관 12는 지역자활센터의 좀 더 많은 관심과 노력이 이러한 제도적 한계를 극복할 수 있는 가능성을 만들어갈 수 있음을 보여준다.

2. 지역문제에 대한 분석과 대응

1) 대안경제로 지역 경제와 자활사업의 재구성 시도

지역자활센터가 지역 문제에 대응해나감에 있어서 매우 중요한 부분이 지역의 경제에 대한 인식을 바탕으로 비전을 수립하는 것이다. 신자유주의적 세계화와 중앙집중형 사회시스템이 갖는 문제는 지역의 경제를 계속 위축시켜가고 있어 지역 경제의 자립적 역량 구축은 지역의 중요한 문제이다. 지역의 구성원이자, 재화와 서비스를 생산 및 판매하는 지역의 경제조직인 지역자활센터에게 이는 매우 중요한 고려 사항이다. 지역 경제가 자립적 역량을 구축한다는 것은 지역에서 호혜적인 시장이 구축됨을 의미한다. 노동시장에서의 경쟁력이 취약한 빈곤층이 주로 참여하는 자활사업단들에게 지역 내에서 호혜적인 시장의 구축은 경제 활동에 매우 도움이 될수밖에 없다.

그러면 지역 경제의 자립적 역량은 어떻게 구축할 것인가? 이 문제의식이 바로 대안경제를 통해 지역 경제와 자활사업을 재구성하는 것과 관련된다.

① 지역순환경제시스템의 구축에 대한 전망

지역순환경제시스템 구축이란 지역 내부에서 각 경제 주체들이 상호 유기적인 시스템을 갖춰 지역 경제 시스템의 자율성을 높이고 외부의 영향력을 축소시키는 것을 의미한다. 지역 경제에 대한 이러한 비전은 지역의 자생적 역량을 배양하고 지속가능성을 추구하자는 취지로 논의되며, 자연스럽게 신자유주의적 세계화와 중앙집중형 사회시스템에 대한 저항의 취지를 갖는다.

지역자활센터는 사업단의 규모화가 어려운데다, 참여하는 이들의 노동능력도 취약하다. 그래서 일반 노동시장에서 경쟁력을 갖기 어렵다. 이처럼 노동시장 경쟁력이 취약하기 때문에 자기완결적인 메커니즘을 갖추려고 노력하거나 일반 노동시장에서 요구되는 경쟁력을 필요로 하는 사업을 추진하는 것보다는 지역 내의 각 주체들과 연계해 사업을 추진하는 것이 더 합리적인 사업 운영 방식이다.

지역 내 각 주체들과 연계하기 위해서는 서로 도움이 되는 호혜적 관계망이 형성되어야 한다. 사례기관들의 이러한 활동은 탈빈곤 경로를 재구성하는 방식으로 이미 앞에서 제시했다. 지역순환경제시스템은 여기서 좀 더 나아가는 것이다. 지역의 각 경제 주체들의 생산과 소비가 지역 내에서 순환될 수 있어야 하고 자활사업의 가능성을 여기서 찾아야 한다는 전망이 사례기관들에서 제기된다.

가령, 사례기관 13은 대안경제쪽으로 지역자활의 전망을 잡아야 한다면서 소규모 생산방식의 조직화를 통해 탈빈곤의 모델을 고민한다. 이 기관의 영농사업은 이런 전망 하에서 친환경 농산물의 생산과 가공 및 유통을 진행 중이다. 그리고 이 과정을 관광 사업과 연계한다.

> 저는 기본적으로 우리 사는 방식이 그러니까 대안적 방식들을 좀 가져가지 않

고서는 자활할 수 있겠는가 하는 부분에서… 그러니까 자본주의 속에서 그래서 저는 음… 〈오래된 미래〉인가? 거기서 나와서의 경험, 우리의 옛날 두레의 경험, 그다음에 무슨 뭐… 쿠바의 경험. 이런 걸 전부 다 배우되, 21세기 한국에서 가능한 자활의 모델들을 고민을 해야 한다. 그죠? 그렇다고 사회적 경제 개념으로 가기도 어렵더라고요. 그러니까 한국에서 가능한 탈빈곤의 모델. 이걸 고민하고 있는데 저는 뭐 아직 잘 모르겠어요. 이론적으로도 좀 박약하고… 그래서 전망이 무슨… 저는 대안경제 쪽으로 가야되지 않을까… 그죠? 지금 기업농 육성이 아닌 유기농 육성. 대규모 생산방식이 아닌 소규모 생산방식.(사례기관 13)

사례기관 2는 광역지자체 차원의 협회와 연계해 진행하는 커뮤니티 사업을 통해 지역 내 순환 구조의 구축을 시도한다. 지역자활센터에서 진행하는 영농사업의 생산품을 지역자활센터의 사업단으로 운영하는 매장에서 판매하고 지방정부로부터 취약계층에 대한 급식사업을 위탁받아 자체 생산품을 식자재로 활용해서 지역의 취약계층에게 공급하는 방식이다. 지역자활센터의 자활사업을 통해 생산-유통-소비의 지역 내 순환구조를 만들어가는 셈이다. 물론 이 과정에는 지역자활센터만이 아니라 지역자활센터가 조직한 지역 생산자들의 생산물도 참여한다.

사례기관 14는 현재 지역자활센터의 생산품을 유통하는 자활생협의 조직화를 도모 중이며, 모법인 차원에서 인근 재래시장의 활성화 운동을 기

〈표 4-4〉 사례기관 2의 커뮤니티 사업

	사 업	특 성
생산	- 영농사업 : 친환경농산물 생산 및 가공	건강한 먹거리 생산
유통	- 나눔매장사업 : 로컬푸드 마켓	지역주민과 소통 생산자와 소비자 조직
소비	- 도시락사업 : 안전한 지역 농산물로 취약계층 급식 제공	취약계층 지원

자료: 면접 조사 참조 구성.

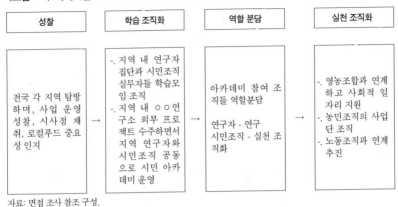

〈그림 4-3〉 사례기관 16의 로컬푸드 활동 조직화

성찰	학습 조직화	역할 분담	실천 조직화
전국 각 지역 탐방하며, 사업 운영 성찰, 시사점 채취, 로컬푸드 중요성 인지	-. 지역 내 연구자 집단과 시민조직 실무자들 학습모임 조직 -. 지역 내 ○○연구소 외부 프로젝트 수주하면서 지역 연구자와 시민조직 공동으로 시민 아카데미 운영	아카데미 참여 조직들 역할분담 연구자 - 연구 시민조직 - 실천 조직화	-. 영농조합과 연계하고 사회적 일자리 지원 -. 농민조직의 사업단 조직 -. 노동조직과 연계 추진

자료: 면접 조사 참조 구성.

획 중이다. 이 재래시장에는 현재 지역자활센터의 매장이 입주해 있기도 한데, 더 많은 매장을 입주시킬 계획을 구상 중이다. 그래서 자활생협과 모법인의 재래시장 활성화 운동을 결합시켜 지역 내 순환적인 경제 시스템의 구축을 시도할 계획이다.

이 구상에 의하면, 지역자활센터가 주도하는 자활생협은 지역자활센터의 생산물 및 인근 생산자들의 생산물을 유통시키며, 자활사업 참여자와 모기관 회원, 그리고 이미 조직된 인근 주민들은 생협의 회원이 된다. 한편, 자활생협과 인근 재래시장에 위치한 지역자활센터의 매장은 협조 관계를 이루면서 사업을 진행하는데, 이미 조직된 소비자들인 생협의 회원들이 재래시장에 위치한 지역자활센터의 매장을 찾게 된다. 이는 재래시장 활성화에 기여할 수 있다. 특히 이 재래시장 인근에는 대기업이 운영하는 대형할인매장이 위치해 있어 이런 활동이 대기업에 의한 지역 시장의 잠식에 저항하는 의미도 갖는다.

사례기관 16은 지역 차원에서 로컬푸드(local food)를 기반으로 하는 지역순환경제시스템의 구축을 위한 네트워크 조직에 참여해 활동 중이며,

인근 지역자활센터 및 지역의 영농조합, 농민회 등과 함께 지역에서 이를 확산시키기 위한 활동을 조직중이다. 사례기관 16의 이런 활동을 정리하면 〈그림 4-3〉과 같다.

　사례기관들 외에도 전국의 많은 지역자활센터들이 지역순환경제시스템을 통해 자활사업의 가능성을 찾으려 한다. 그러나 이들 중 상당수는 지역순환경제시스템을 이야기하되, 지역을 중심에 놓는 시스템의 구축보다는 자활사업단의 판로 확보에 초점을 두고 접근하는 경향이 강하다. 지역순환경제시스템의 형성을 이처럼 지역자활센터의 사업 운영을 중심으로 사고하면 성공하기 어렵다. 지역 전체의 경제 시스템의 변화라는 비전 속에서 지역자활센터가 어떻게 기여할 것인가에 초점을 두는 게 바람직하다. 지역순환경제시스템의 형성은 특정 조직이나 집단의 주도적인 힘으로가 아니라 지역 내 생산자와 소비자가 서로 동등한 관계를 맺어가는 지역 네트워크를 통해서 가능하기 때문이다. 지역자활센터는 이러한 네트워크의 한 부분으로 자리매김 될 필요가 있다.

② 커뮤니티비즈니스를 통한 모색

　한국에서 주로 일본의 사례들이 소개된 커뮤니티비즈니스(community business)는 말 그대로 지역사회기업으로 지역 커뮤니티를 기점으로 주민이 친밀한 유대관계 속에서 주체적으로 운영하는 사업이다. 일반적인 사업 경향은 지역 커뮤니티에서 잠자고 있던 노동력, 원자재, 노하우, 기술 등의 자원을 활용해 자발적으로 지역 문제의 해결에 착수하고, 바로 비즈니스를 성립시키며, 커뮤니티를 활성화시키는 활동이다(호소우치 노부타카 엮음, 2008:15).

　지역자활센터가 조직하는 자활사업단들은 넓은 의미에서 커뮤니티비즈니스이다. 지역사회를 기반으로 하는 경제 활동을 하며, 지역의 주민이 참

〈표 4-5〉 커뮤니티비즈니스와 자활사업단의 공통점과 차이점

공통점	차이점

○ 지역주민의 고용 창출 중요시.
○ 지역에 필요한 서비스의 공급 중요시.
○ 자체 자원이 부족하기 때문에 지역 내 신뢰
  구축과 다양한 자원 연계 필요.
○ 종사자들의 자아 실현 강조.
○ 지역이 활동 단위.
○ 일반 비즈니스와는 다른 방식의 비즈니스 강조.
○ 지역 시민사회의 일원.
	○ CB는 지역 주민이 주체이나 자활사업은 정부의
	  관리 및 감독 대상.
	○ CB에의 참여는 자발성인데 비해 자활사업 참여
	  는 비자발성.
	○ CB는 창의적인 활동이 가능하나, 자활사업은
	  제도적인 제약이 창의적인 활동 저해.
	○ CB에 비해 자활사업은 지역 범위는 넓음.
	○ CB는 지역 재생을 목표로 하나, 자활사업은 탈
	  빈곤이 목표.
	○ CB는 조직 유형이 다양하나, 지역자활센터는
	  단순.
	○ CB는 경제적 위험을 감수해야 하나, 자활사업
	  은 정부의 지원으로 운영되기 때문에 경제적 위
	  험에 대한 인식 미흡.

자료: 김정원(2009b)에서 재구성.

가하고, 지역에서 필요로 하는 각종 서비스를 공급하는데다 자체 자원이 부족하기 때문에 지역에서 신뢰를 구축하고 다양한 자원을 연계해야 한다. 이처럼 자활사업단에는 커뮤니티비즈니스의 일반적 특성이 상당 부분 반영된다. 특히 자활사업단 중 형식적으로 독립된 조직인 자활공동체는 한국적 커뮤니티비즈니스라 해도 과언이 아니다.

그럼에도 불구하고 지역자활센터들 중에서 커뮤니티비즈니스를 추구한다고 표방하는 조직을 찾는 것은 쉽지 않다. 물론 이는 자활공동체 또는 자활사업단을 커뮤니티비즈니스로 보지 않는 인식이 반영된 것이다. 그러나 이보다 더 큰 것은 자활공동체 또는 자활사업단의 조직 및 운영 방식이 갖는 한계를 일본의 사례들이 제공하는 시사점을 적극 수용해 헤쳐 나갈 수 있을 것이라는 기대감이다.

가령, 커뮤니티비즈니스의 주요 활동으로 들 수 있는 것이 '지역 재생'이다. 낙후 지역에 위치한 사례기관 5는 특히 지역자활센터가 이를 위한 활동을 하는 기관이어야 한다고 생각해 지역자활센터의 조직 위상을 '지

역개발회사'로 설정하기도 했었다. 물론 이 때 개발은 지역의 묻혀진 자원을 발굴하고 활용하는 활동을 의미한다.

저는 그전서부터 가져왔던 목표가 뭐냐면, 일단 자활사업은 단순히 빈곤문제를 응급처방 하는 식의 방식은 아니다. 나는 그… 지역자활센터 자체가 하나의 지역개발회사가 되야 된다. 그래서 그…뭐… 우리나라를 아직도… 사회복지가 하나의… 어… 좀…낭비라고 생각을 하는데… 이미 서구사회에서는 사회복지 부문도 지역개발의 한 차원에서 경쟁의 생산적 효과가 큰 사업으로 보고 있잖아요. 그리고 인제…곳곳에 사회복지 단체라던지 기관들이 실제적으로 지역사회를 변화시키고 개발시킨 그런 일들을 많이 하고 있거든요…(중략)…저는 자활센터는 지역개발회사가 되어야 한다는 목표를 애초부터 가져왔고. 그리고… 지역개발을 하려면 어떤 방식으로 해야 할 것인가를 고민을 하게 된 거고. 그것이 바로 지역특성을 살린 사업이다. 지역적 특성을 살린 사업을 적극적으로 개발해야 좀 지속가능한 사업이 되겠다… 하는 판단을 했던 거죠.(사례기관 5)

지역의 묻혀진 자원을 발굴하고 활용해야 한다고 생각하는 사례기관 2의 커뮤니티 사업이나 생태사업도 커뮤니티비즈니스의 모색으로 주목을 받는 사례인데, 많은 지역자활센터들이 탐방을 하기도 한다. 커뮤니티 사업은 앞서 소개한 지역순환경제시스템 구축의 일환이다. 생태사업도 이의 일환이라 할 수 있는데, 지역 농가와 연계해 체험관광을 시도하고 지역의 자생식물을 생산 및 판매하는 활동이다.

사례기관 2의 인근에 위치한 사례기관 1도 광역지자체 차원에서 시도되는 커뮤니티비즈니스의 조직화에 적극 참여한다. 그런데 사례기관 1에 의하면, 커뮤니티비즈니스는 결국 지역순환경제시스템을 구축하는 것과 결부된다.

계속 논의하면서… ○○협회(광역 협회 — 필자 주)가 이제 그런 그 조직체계를 만들었다면, 또… 이제는 공동의 사업에 대한 내용을 찾아보고… 이제는 사업을 실현해서 가야되는 이런 측면인데, 그런 공동으로 할 수 있는 사업들 중에 커뮤니티 비즈니스 방식쪽으로 한번 찾아보자… 라는 내용이 또 있는 거고. 그 또 거기에 더 나가서 지금 우리가 할 수 있는 거는 어떤 거냐 그러면 우리 스스로 순환시켜주겠다… 지역자활센터에서 하는 것들이 생산과 소비를 지역자활센터에서 갖고 있는 지역에서도 1차적인 순환의 사업을 좀 전개를 하고… 그것들이 적어도 강원도 단위의 지역자활센터들이 연계되서, 순환시켜줬으면 좋겠다. 이런… 어쨌든 지역자활센터의 내부순환에 대한 이런 문제… 그런 거를 어쨌든 급식을 중심으로 해서 유통사업에 대한… 물류유통… 을 고민하는 방식을 좀 찾아보자. 그게 이제 올해 적극적으로 찾는 방식이 하나 있는 거구요… 그 다음에 또 하자면, 순환을 시켜줄 때, 지역에서 순환시켜주는 접근방식 중에 하나가 로컬푸드의 지역에서 로컬푸드의 방식으로 좀 순환을 시켜주는… 그러니까 지역자활센터만이 아니라, 더 나아가서 지역에 있는 생산자와 결합할 수 있고 소비자와 결합할 수 있는 방식을 좀 지역에서 확장해가면서, 찾아볼 수 있으면 좋겠다…(중략)…그래서 저희들은 지역자활센터는 지역에서 자기가 생산하는 것, 소비하는 것 그거를 적어도 순환하려고 하는 노력…. 그니까 사업에서 우리 같은 경우… 가령 유통사업 시켜주는 거죠. 농장에서 생산되는 거를 도시락 사업에 1차적으로… 소요될 수 있고, 그거를 연계해서 자활을 구축하는 것…. 자활연계구조… 그게 자활센터의 지역에서 뿐만이 아니라, 강원도 전체에서 그러면 우리가 급식을 중심으로 하는 네트워크를 다 재편을 했어요. 그래서 그런 급식체계를 고민하지만, 또 하나는 그런 급식에 소요되는 그런 것들을 우리 자활에서 생산되는 물품들이 연결이 되게끔…. 연결이 되려면 적어도 강원단위의 물류유통의 흐름이 필요하겠다… 그런 고민들을 급식네트워크에서 하는 거죠. 그런 사항들을 하나씩 만들어보려고 시도해보고… 지금 가고 있는 거구요.(사례기관 1)

이 외에 사례기관 14도 앞에서 소개한 지역순환경제시스템에 대한 고민을 커뮤니티비즈니스와 결부해서 구상하고 있다. 사례기관 16은 커뮤니티비즈니스라는 용어를 회피하려고 마을기업이라는 용어를 사용한다. 결과적으로 커뮤니티비즈니스를 고민하는 사례들의 대부분은 지역순환경제시스템을 형성하는 과정이 커뮤니티비즈니스의 내용으로 구성되어야 함을 제시하는 셈이다. 지역순환경제시스템은 지역의 역량을 강화하는 것과 결부되며, 이를 가능케 하는 것은 지역 주체의 육성이다. 이런 점에서 볼 때 사례기관들의 커뮤니티비즈니스에 대한 고민은 자활사업의 미래를 지역에서 찾는 것에 대한 고민이라 할 수 있다.

③ 사회적경제네트워크의 구성

최근 일부 지역자활센터들을 중심으로 사회적경제네트워크에 대한 관심이 형성되는 모습이 보인다. 아직 한국의 경우 사회적 경제의 범주에 대한 정립도 되지 않은 상황이기 때문에 사회적경제네트워크에 대한 상은 각 집단마다 다르다. 자활 내부에서도 각 지역자활센터마다 상이한 그림을 사회적경제네트워크로 지칭하는 경향이 보인다.

사례기관들을 참조해서 사회적경제네트워크를 이해하자면, 사회적 기업의 조직화를 시도하는 지역 조직들 간의 네트워크형 조직이라는 성격이 강하다. 사회적경제네트워크의 주요 내용으로는 이렇게 결성된 조직들의 연계 활동을 통해 서로 도움이 될 수 있는 호혜적인 시장을 구축하는 것에 방점이 찍히는 경우가 많다.

주로 모색 중인 단계가 많으나 지역에 따라서는 사회적경제네트워크가 조직되어 지역자활센터가 여기에 적극 참여하는 경우도 있다. 가령, 사례기관 4가 그렇다.

그러니까 사회적경제네트워크에서 나간 게 아니라 그 쪽 그 쪽에 참여하는 사람이 이 일도 하게 되고 이렇게 연계 연계 되어 있으니까 그런거고 로컬푸드도 네트워크도 해요. 그것도 사실은 여기서 파생이 됐는데 거기도 참여하는 사람은 실무단으로 또 참여가 돼요. 저희 자활 같은 경우는 참식품 사업 닭갈비, 반찬 그 사업도 팀장이 참석을 하게 되고, 봄내살림 거기 담당자도 참석을 하게 되니까. 이런 식으로 일들이 다 연결연결 되어 있다고 그럴까요. 그리고 이거는 뭐 사회적경제네트워크에서 하는 거다 이거는 뭐 무슨… 이런 것보다 조금 조금씩 연결이 돼서 이렇게 나가는 추세인 것 같아요.(사례기관 4)

사례기관 4가 위치한 지역은 지역에서 오래전부터 사회적 경제의 활성화를 위한 다양한 모색이 있었다. 그런 가운데 얼마 전에 사회적 경제 조직들이 기초자치단체 차원에서 '○○(지역 명─필자 주)사회적경제네트워크'를 결성했는데, 지역자활센터인 사례기관 4는 여기에서 적극적인 역할을 한다.

사회적경제네트워크라는 명칭을 사용하지는 않았지만 그런 지향을 갖는 경우도 있다. 지역 내에서 오랫동안 지역네트워크를 구축해온 사례기관 7은 지역 내 사회적 경제 조직들과 함께 학습하고 지역 차원에서 적합한 사회적 기업의 모델은 무엇인지를 모색하기도 했었다.

예를 들면, 그런 유형으로 뭔가 대안들을 의식적으로 창출해볼까… 뭐 이런 고민이 있기는… 아직은 고민 수준이지만. 그래서 우리 역량만 갖고는 안될 것 같아서 도시넷 프로젝트 땄을 때, 김○○신부님이나 쭉 모시고… '지역사회 기업 만들기 워크샵' 교육들을 초기에 재작년 1년차일 때 굉장히 열심히 했었거든요. 그래서 여기에 △△△(지역의 생협 1 ─ 필자 주)하고 ▢▢▢(지역의 생협 2 ─ 필자 주)하고, ◇◇◇(지역의 시민조직 ─ 필자 주)하고 저희 하고 묶어서 자기 연결된 주민들 중에 워커즈(일본의 worker's collective를 지칭 — 필자 주) 방식… 워커즈 하고 사회적 기업이 그 당시 충돌 나는 바람에 좀 힘들었었는데, ㅁㅁㅁ나 △△△은 워커즈를 더 강조했었고…(사례기관 ㄱ)

그러나 사회적경제네트워크의 구성이 쉽지는 않다. 사례기관 10은 2009년 목표로 지역에서 사회적경제네트워크를 구성해 지역의 변화를 시도해 보려 했으나 여의치 않았다고 한다.

원래 저희가 올해 ○○시(기관 위치 지역 — 필자 주) 사회적경제네트웍이라 해서 거창하게 사례를 만들고 싶다…(중략)…올해 목표로, 1번 목표로 세웠어요… 제가 못하겠는거에요. 여기 이것을 왜 만들려고 했냐면 저희 공동체 대표들이나 사회적 기업 대표 몇 분하고, 시니어클럽인 ○○시니어클럽이 있거든요. 여기 실업단체들도 사회일자리사업에 이바지해요. 유사한 단위 들이 모여서 지역사회에 일반 영리업체 회사가 아니라 사회적 경제, 대안 경제 활동을 하고 있는 단위들이 모여가지고 같이 살기 좋은 ○○(기관 위치 지역 — 필자 주)을 만들기 위해서 노력해보자. 그런 거를 제안을 하려고 했는데… (사례 기관 10)

여의치 않는 가장 큰 이유는 지역자활센터 혼자 하는 게 아니라 지역의 여러 기관들이 참여하는 네트워크를 조직하는 것이기 때문이다. 네트워크가 조직되기 위해서는 가치를 공유해야 하고, 공동으로 사업을 운영해야 한다. 따라서 각 조직의 문화나 역사, 그리고 조직이 서 있는 제도적 기반 등이 중요한 영향을 미치는 요소가 된다.

그러나 사회적경제네트워크가 가져오는 이점은 의외로 크다. 대표적으로 강원도 원주는 협동조합운동협의회 소속의 각 회원들의 숫자가 무려 2만여명에 이른다. 협동조합운동협의회 소속의 각 기관들로서는 2만여명에 이르는 시민시장(civil market)을 확보한 셈이다. 이쯤 되면 네트워크를 넘어 사회적경제블록을 구축한 것이다. 원주에서는 이를 기반으로 각종 사회적 경제의 활동이 재생산된다. 특별한 역사를 배경으로 하는 원주의 사례를 보편적으로 적용시키기는 무리이겠지만 사회적경제네트워크가 시민시장의 창출에 기여하는 것은 분명하다. 시민시장은 제도에 의존하지 않고 시민 스스로가 구축한 보호된 시장(cared market)[25]이기도 하다.

　지역자활센터는 대체로 각 지역 내에서 규모가 큰 사회적 경제 조직에 해당된다. 자활사업을 위해서도 지역의 시민시장 확보는 매우 중요하다. 그런 점에서 볼 때 향후 지역자활센터가 각 지역에서 사회적 경제 조직들 간의 네트워크를 구축하기 위한 활동에 좀 더 관심을 가질 필요가 있다.

2) 지역 네트워크로 지역 주체의 재구성 시도

　최근 네트워크의 중요성에 대한 강조를 찾는 것은 어렵지 않다. 이 때 네트워크는 특정한 성원들이 서로 연결되는 사회적 연결망(social network)을 의미한다. 네트워크가 유지되려면 네트워크의 성원들 간의 신뢰 유지와 규범의 공유가 필수적이다. 신뢰 유지와 규범의 공유는 네트워크의 성원들로 하여금 상호 기대와 의무를 형성시킨다. 근래에 종종 제기되는 호혜성은 상호 기대와 의무를 바탕으로 하는 개념이다. 네트워크의 성원들이 호혜성을 기반으로 한 관계를 계속해나갈 때, 즉 서로 주고받는 관계를 활성화시킬 때 그것은 네트워크의 역량을 강화시킨다. 그리고 네트워크 역량 강화는 네트워크 성원들의 역량으로 전이된다. 이를 설명하는 개념

---

25 보호된 시장은 흔히 노동시장 진입에 어려움을 겪는 집단들의 경제 활동을 활성화시키기 위한 수단으로 생산된 재화나 서비스를 우선 구매 등으로 강제할 수 있도록 하는 것을 말한다. 그러나 제도는 항상 사각지대를 낳는다. 따라서 보호된 시장조차도 제도적 보호만을 능사로 삼을 게 아니라 시민사회의 자율성에 바탕을 둔 보호된 시장을 만들어야 한다. 바로 시민시장이다.

이 사회적 자본이다. 사회적 자본은 나에게는 없지만 내가 맺는 관계 속에서 도출되어서 나에게 유용하게 활용되는 기반을 뜻하는데 결국 그 원천은 네트워크에 있다.

지역 네트워크가 중요한 것은 흩어져 있는 각 주체들이 이처럼 연결을 통해서 서로 맺어지고 이를 바탕으로 지역의 역량을 강화시키기 때문이다. 지역자활센터의 활발한 지역 네트워크는 그래서 자활사업의 활성화에도 기여하지만, 지역의 역량을 강화하는데도 기여한다. 역으로 지역자활센터의 참여 속에서 이루어지는 지역의 역량 강화는 다시 자활사업의 활성화로 귀결된다. 결국 지역자활센터의 활발한 지역 네트워크 구축 활동은 흩어져 있는 지역의 각 주체들을 연결시켜 자활사업 활성화와 지역 활성화를 위한 지역 내 주체로 재구성되는데 기여하는 셈이다.

사례기관 2는 지역자활센터의 활동을 통해 생산자와 소비자가 조직되어야 함을 강조하고 이러한 모색이 지역 내 문화와 풍토를 새롭게 만들 거라고 제기한다. 자활사업을 통해서 지역 내 주체들이 서로 연결되고 재구성되는 것이다.

> 이… 커뮤니티 사업 같은 경우에 이 사업을 하려면 정말 자활이… 그 지역에서 같이 일을 하지 않으면 못하는 사업이잖아요… 저희가 이제 이런 거를 연계하려고 하는 것들이 자활사업 자체가 저희는 처음부터 지역 속에서 하는 걸 만들어가지 않으면, 결국은 자활사업이라 할 수 있는데 아무것도 없다… 그런 것도 있구요 …(중략)… 거기서 이제 좀 더 나가면 저희가 이제 아까 말씀 드렸던, 'ㅇㅇ영농조합' 하고… 그리고 이제 마을들… 마을에서 생산자들을 조직하는 게 사실은 참 큰거 잖아요. 그니까 커뮤니티 사업의 핵심은 생산자를 조직하는 게 사실은 더 크거든요… 그니까 생산자 조직을 어떻게 하느냐… 에 따라서 많이 달라지기 때문에, 이거를 할 수 있느냐 못하느냐가 제일 큰 관건인 것 같아

요… 그리고 소비자를 조직하는 것. 그니까 소비자라 그래봤자, 영월에서 개별 소비자가 많지는 않을 거라는 그런 생각이 들어요. 그거는 어떻게 보면 지역 내 문화와 풍토를 새롭게 만드는 사업인데, 뭐…(사례기관 2)

사례기관 9는 오랜 활동 속에서 많은 자활공동체를 조직해냈다. 대개 자활공동체와 지역자활센터와의 관계는 너무 밀접해서 자활근로사업단과 별 차별성이 없거나, 아예 관계가 없다시피 하거나, 인간적 관계가 유지되는 선에서 이뤄진다. 그런데 사례기관 9는 배출된 자활공동체를 재조직해서 새로운 조직으로 탄생시키고 관계를 맺어가며, 지역네트워크를 구축한다. 사례기관 6과 18도 비슷한 모색을 하고 있다.

저희 같은 경우는 재작년에 그걸 아주 끊고 이게 지금 나온 사회적 기업들, 공동체 이런 것들을 지원하는 ○○(조직이름 — 필자 주)이라는 단체를 아예 만들었어요. 이름을 바꿔서 …(중략)… 사무실도 따로 있어요. ○○이라고 그거를 이제 △△△선생님(조직 리더 1-필자 주)하고 ▢▢▢(조직 리더 2 — 필자 주)이가하죠. 자활에서 일하다가 분리되어 나갔잖아요. 공동체로 맡았잖아요. 다… 공동체를 육성하고 사회적 기업을 만드는. 또 지역에서 사회 경제 운동을 큰 그림을 그리는 그 단체가 ○○이라는 단체가 또 있어요. 자활은 정부에 묶여 있으니까 이제 사업단 만들고 이런 것 까지 하고 거기에서 나오는 공동체들. 여러 사회적 기업으로 키우고. 사회적 기업이라는 건 지역 사회내의 다양한 자원들 재원들을 끌어 모으면서 하는 사업이니까 하나의 운동으로… 지역사회 경제 운동으로 만들어 나가는 게 ○○이죠.(사례기관 9)

사례기관 16이 위치한 지역은 지역자활센터 외 시민조직들의 자활근로 참여가 활발하다. 이들 간에 친밀한 네트워크가 구성되어 있는데, 이 네트워크는 여기서만 머무르지 않고 자활사업에 참여하지 않는 지역 시민조직들과의 연계로 확장시키기도 한다.

> 민민네트웍이나 사회복지기관의 연계… 제가 잘 모르겠어요. 다만 이제 자활근로, 자활사업 관련되어 가지고, 우리하고 연계되어지는 포섭된 기관단체끼리는 대단히 친밀한 네트워크… 우리가 활동량이 아주 빈번하고 그러진 않는데, 정보교류나 공동사업부분들은 계기적으로 좀 하고 있어요. 예를 들면 작년 같은 경우는 저희가 자활올림피아드… 기능경영올림피아드를 ○○시(사례기관이 위치한 지역 ─ 필자 주)에서 했거든요 …(중략)… 예를 들면 장애인 기능경연 하는 것처럼, 간병 잘하는 사람 뽑기, 청소 잘하는 사람 뽑기, 그다음에 또 도시락 반찬 잘 만드는 사람 뽑기. 이렇게 해서 상도 주고. 그렇게 하면서 주변에는 살림장터 형식으로 한살림이나 여성농민회라던지 그리고 장애인단체들 생산본부 같이 나와 가지고 우리 자활상품들 해가지고 그렇게 하고.(사례 기관 16)

사례기관 7은 매우 활발하게 지역 네트워크를 구축해왔다. 최근 석연치 못한 이유로 모법인이 교체되는 와중에서도 피해가 최소화될 수 있었던 것은 그간 활발하게 벌여온 지역 네트워크가 지지기반으로 작용했다는 자체 분석이다. 사례기관 7을 중심으로 이루어진 지역 내 활발한 네트워크 활동은 그간 지역의 영향력 있는 시민조직을 창출시켰으며, 지역의 축제를 조직하기도 했으며, 지역 내 사회적 경제조직 간에 지역에 적합한 사회적 기업의 창출을 위한 공동의 모색을 이끌어내기도 했다. 사례기관 7은 이 외에도 많은 활동들을 지역 네트워크를 통해 추진하는데, 최근에는 지역 주민들이 주도하는 재단을 조직하려는 구상을 하고 있다.

> 또 최근에는 지역재단 만들려고 법인문제(모법인 교체와 관련해서 사회복지계에

서 논란이 야기되었다 ― 필자 주)가 문제가 됐었기 때문에, 결국 이걸 푸는 일은 지역에서도 시민의 힘에 의한, 재단을 만들어야 겠다. 이런 돈 만들기가 쉽지는 않으니까 이런 사업 공동체를 만들자 그래서 다시 또 진행을 하는데. 10년 전에도 그 논의를 하다가 여력이 안되서 사실, 유보했던 거여서. 근데 그런 자리에 그런 나눔 떡집 사장도 계속 준비모임에 참여하고. 그런가하면 공동체 만들었던 집들이 공동체 'JNC' 라고 이렇게 얘기하는 부분은 두 분이 같이 뜻을 맞춰 창업을 했는데, 죽이 워낙 잘도 맞고. 그 중에 한분은 알콜릭부터 시작해서 자활에서 한 6년 있다가 끝내는 술·담배 다 끊고, 공동작업 같이해 나가서 본인이 그렇게 바뀐 거에 대한 느끼는~ 지역에 뭔가 역할을 하겠다고 지역재단 만드는데도 창립 발기인으로 계속 논의에도 참여하고, 뭐 예를 들면 발기인으로 기본 십만원씩 계속 기본활동 자금 필요하니까 내고 그러는데, 바로 내기도 하고. 뭐 이렇게 변화된 모습들은 다수는 아니어도 있어서 길게 보면 이런게 자활의 결국은 지역화전략. 제가 고민하면서 계속 씨름해온 그걸 꼭 바라고 한건 아닐지라도 최소한의 성과구나라고 느낄 때는 있어요.(사례 기관 7)

사례기관 15는 지역의 거버넌스 조직인 〈의제 21〉을 적극 활용해야 한다고 생각한다. 〈의제 21〉의 활동 속에서 지역자활센터가 할 수 있는 역할

〈표 4-6〉 사례기관 15의 농민시장 조직 활동

	내 용
취지	지역 내부에 대안적인 경제 시스템을 구축하려면 시민들의 공감대가 형성되어야 한다.
네트워크	지역자활센터, 영농조합, 의제21, 생협, 여성농민회
방식	네트워크 조직화 → 시민강좌 운영 3회 → 농민시장 운영 2회
성과	시민강좌 수강생 중 상당수가 농민시장에 참여 네트워크 참여조직 외 개별 생산자들 다수 참여

자료: 면접 조사 참조 구성.

이 많다는 것이다. 사례기관 15는 이처럼 이미 조직되어 있는 네트워크 뿐 아니라 새로운 네트워크를 조직해 지역에 대한 대안적 비전 수립을 모색하고 있기도 하다. 노동복합도시이지만 농촌지역으로서의 정체성이 강한 지역에 위치한 사례기관 15는 2009년 초에 지역 내 각급 주지들과 함께 로컬푸드의 확산을 고민하고 이의 일환으로 농민시장(farmer's market)[26]을 여름에 주최했는데, 향후 농민시장의 운영 가능성을 지속적으로 검토할 예정이다.

사례기관 13은 지역에서 인지도가 20%에 이를 것이라고 자체 분석한다. 높은 인지도 뿐 아니라 기관의 활동에 대한 지역의 호감도 높은 편이라고 한다. 이처럼 높은 인지도와 호감도는 사업 운영에 긍정적인 영향을 미치는데, 이를 기관 자체 사업으로만 한정하지 않고 지역의 각 집단들이 참여할 수 있는 사업을 조직하는데 주도적인 역할을 하기도 한다. 물론 이러한 역할은 다시 기관에 대한 지역의 호감으로 이어진다.

> 연탄나눔⋯ 그 뿐만 아니라 뭐 저희는 자유총연맹 전부다 같이 해버립니다.
> ⋯(중략)⋯ 그 뭐 좌우익 그런 거 없고. 하하하 그래서 그⋯ 음 ○○자활(사례기관 — 필자 주)이 상당히 그런 부분에 있어서 중심적인 역할을 잘해요. 해왔습니다. 특히 뭐 색깔 비슷한 것끼리 놀고 이런 것도 아니고 어떤 조직이든 그 일에 동의하는 분들은 다 같이 하는⋯(사례기관 13)

한편, 사례기관 16은 지역자활센터가 직접 사업을 조직하기보다는 지역의 매개자로서 역할을 해야 함을 강조하면서 네트워크에 임하는 방식에 대한 시사점을 제시해준다.

---

26 농민시장은 5일장과 유사한 시장으로 정해진 장소와 날짜에 지역의 농민들이 생산품을 팔고 소비자들이 구입을 하는 장이다.

지역자활센터가 몸이 좀 가벼워져야한다. 저는 첫째는… 온갖 압박과 설움 받지않고, 몸이 좀 가볍게 가야되고, 자기역할과 기능부분들을 잡아서… 실제로는 지역사회에서 제 역할을 하게끔 중간지원 활동을 할 수 있는 게 제일 모양이 좋은데… 자치단체에 돈 받는 데라 그런 얘기했다가는 쫓겨나기 십상이고. 그래서 어쨌든 지역자활센터가 아니면 다른 중간지원 조직이 생겼으면 좋겠어요. 대전의 ○○○○(조직 이름 — 필자 주) 김△△(조직 리더 — 필자 주)이 한 것처럼. 자활도 여기서 또 그래서 이렇게 마을기업이 됐든… 저는 커뮤니티 비즈니스라고 하기 뭐 그래서… 이제 지역통화를 하든 이러 부분들을 인큐베이팅하고 서포팅하는 이러한 부분들로 가고…(사례기관 16)

물론 네트워크의 구축이 쉬운 것은 아니다. 사례기관 4는 지역 네트워크 구축에 적극 참여했던 경험을 이야기하면서 이로 인해 기관의 업무에 많은 장애를 겪었음을 토로했다.

그러니까 제가 이제 그… 실무협의체 일을 거의 4년 했었고, 계속하는데 이제 4년 전에는 좀 활발하게 했었어요. 왜냐하면 그 때는 이제 ○○(사례기관이 위치한 지역 — 필자 주)이 시범사업 그렇게 해서 보조금이 주어졌어요. 그래서 이제 사업을 할 수 있었거든요. 그래서 그 때 통합, 통합서비스를 했는데 그 일을 하니까 자활 일을 안 하게… 아무래도 잘 못하게 돼요. 그러니까 그런 게 있더라고요. 너무 바쁜거에요.(사례기관 4)

이처럼 네트워크는 개별 기관의 입장에서는 일정한 역량을 투입해야만 가능한 활동이며, 그로인해 불가피하게 기관의 업무에 장애를 가져올 수 있다. 그러나 네트워크는 호혜적 관계를 창출하며, 이는 네트워크 성원들의 역량 강화에 기여한다. 그런 의미에서 볼 때 네트워크의 구축은 일종의 투자인 셈이다. 지역자활센터의 지역에 대한 투자, 그것이 바로 지역 네트워크의 구축이다.

3) 농촌에서 복지 공급의 주도자로서의 역할

현재 전국의 지역자활센터는 모두 242개이다. 이 중 행정구역 상으로 군(郡)에 위치한 지역자활센터는 73개로 30.2%이다. 물론 행정구역 상 시(市)이지만 농촌으로서의 정체성을 갖는 지역도 있으므로 농촌에 위치한 지역자활센터는 더 많다고 볼 수 있다. 자활사업이 지역의 특성에 따라 재구성되어야 한다는 지적은 오래 전부터 있었다. 특히 농촌의 상황은 자활사업의 제도적 지향과 맞지 않는 부분이 많다. 그래서 농촌에서 지역자활센터의 활동은 시장에서의 자립을 추구하기보다는 지역에 유용한 복지 공급자로서의 역할을 하는 게 더 바람직하다는 지적이 현장과 연구자들에게서 종종 제기된다.

농촌 지역은 인구 감소, 취약한 경제상황, 고령화 등의 문제를 갖고 있다. 이는 거시적으로 보면 1960년대 이후 전개된 중앙정부 주도의 공격적인 공업화 정책의 산물이다. 그리고 취약한 농촌 상황은 다시 농촌 문제를 악화시키는 악순환을 낳는다. 지역자활센터는 여기서 중요한 역할을 할 수 있는 잠재력이 있다. 무엇보다도 농촌 지역의 취약한 인프라를 지역자활센터가 생산하는 재화와 서비스로 보완을 할 수 있다. 또한 복지 영역에서 지역자활센터가 축적한 노하우는 농촌 지역의 복지 공급을 확대할 수 있는 잠재력을 갖고 있다.

사례기관들 중 행정구역 상 군에 위치한 지역자활센터는 4개였는데, 이들 모두 지역의 복지 공급에서 중요한 역할을 함이 발견되었다. 특히 사례기관 1과 2는 아예 지역의 시민집단들이 지역 내 복지공급의 주체가 필요

〈표 4-7〉 사례기관 1과 2의 지역자활센터 지정 과정

	사례기관 1	사례기관 2
지역 상황	폐광지역으로 장기 침체	과거 탄광 배후지역이었으나 장기 침체
욕구	복지를 공급하고 일자리 창출에 기여할 수 있는 주민 조직 필요	사회복지 공급 조직 필요
조직 과정	지역의 교회와 시민단체들이 공동으로 추진	지역의 교회와 시민단체들이 공동으로 추진

자료: 면접 조사 참조 구성.

〈표 4-8〉 사례기관 19의 지역 결연사업

	내 용	비 고
대상	빈곤층 중고생 자녀	지역 빈곤 노인에게 일부 지급
지원금	중학생 20만원, 고등학생 30만원	
선정	지역의 학교로부터 추천 받음	
기금조성	종사자 기부금 40%, 상조회비 및 외부 후원금 60%	

자료: 면접 조사 참조 구성.

하다는 인식 속에서 공동의 대응을 한 결과물로 탄생을 했다. 그리고 여전히 이렇다 할 복지 공급 조직이 없는 가운데 핵심적인 복지 인프라로 역할을 하고 있다. 심지어 사례기관 1은 도서관을 위탁받아 운영하고 있기도 하다.

사례기관 19는 후원을 조직해 빈곤층 자녀에 대한 장학금 지급과 빈곤 노인에 대한 지원을 한다. 이 비용은 상조회비와 종사자들의 기부금, 그리고 일반 후원금으로 충당한다.

사례기관 17은 군 지역 치고는 인구 규모가 큰 편이다. 그럼에도 사례기관이 사업을 시작할 당시 지역의 복지 인프라가 취약해서 주도적인 활동을 했고, 이런 활동 경험이 지역의 복지 공급을 확대하는데 기여했다. 기관 자

체적으로도 다양한 복지 공급 활동을 하는데, 그렇다고 지역의 복지 공급을 독점하는 것은 아니고 지역에서 매개자로서의 역할도 수행한다.

> 그 동안에 이제 저는 그래도 민간인들이 모여서 자활이 들어오면서 종합복지 기능을 닥치는 대로 했습니다. 닥치는 대로. 노인이면 노인, 노인자활을 그때 지금은 노인 일자리쪽은 노인회관이 가져갔는데 노인자활 장애인자활 청소년자활 다 해보려고 3층에 가면 청소년… 그건 올해 시작했는데 청소년센터를 만들어 가지고. 사회기여사업이죠. 공익사업인데 학교에서 아이들 쉽게 말하면 봉사명령 받은 아이들이죠. 사회에 나가서 봉사해라. 어느 기관도 받아주는 기관이 없고 자활도 역부족이고 현재 어느 목사님이 하시는 것을 제가 10% 정도 지원을 하면서 지금 연대를 하고 있거든요. 지금 이름은 청소년사업단으로 이름을 붙여서 같이 일을 하고 있는데 학교에서 쉽게 얘기하면 사고 친 애들이 이제 이리로 오는 거죠. 서툴긴 한데 누군가가 정부가 하던 민간이 하던 누군가가 하지 않으면 안되는 …(중략)… 아동센터도 마찬가지예요. 그렇게 해서 시작을 했더니. 유일하게 구세군에서 하는게 하나 있었는데 지금은 한 열한 열 개가 넘게 생겼죠. 지역아동센터가요. 지역아동센터연합회를 만든 게 저희가 중심이 돼서 만든 거죠.(사례기관 17)

종종 농촌지역에 위치한 지역자활센터의 종사자들은 농촌 지역이 자활사업을 수행하는데 매우 어렵다고 토로한다. 현재의 제도 시스템 속에서 농촌 지역의 지역자활센터들은 도시 지역에 비해 제도적 성취를 이루는데 한계가 크다. 그러나 분명한 것은 재정 규모나 고용 규모, 그리고 생산 규모 등으로 볼 때 농촌 지역에서 지역자활센터의 지역 내 비중이 매우 크다는 것이다. 지역자활센터의 입장에서는 이를 적극 활용해 농촌 지역의 바람직한 변화에 기여할 필요가 있다. 물론 이를 위해서는 지역의 상황을 고려한 사업 운영을 어렵게 하는 획일화된 자활사업 관련 제도의 변화도 필요하다.

3. 기관에 대한 신뢰의 형성

1) 지역으로부터 신뢰의 형성

지역자활센터는 특정한 지역에 존재한다. 따라서 지역자활센터의 활동은 필연적으로 지역과 관계를 맺을 수밖에 없다. 지역과의 관계 맺음에 지역자활센터가 가장 중요시 여겨야할 바는 지역 내 신뢰의 구축이다. 지역 내에서 신뢰가 높으면 그만큼 사업을 진행하기에 용이하기 때문이다. 높은 신뢰가 사업 진행에 용이한 것은 두말할 나위 없이 신뢰라는 게 어느 순간에 갑자기 등장하는 것이 아니라 지속적으로 좋은 관계를 쌓아온 산물이기 때문이다.

좋은 관계를 쌓아 왔다는 것은 지역 내에 많은 지지자를 확보할 수 있음을 의미한다. 많은 지지자는 지역에서 성공적인 사업 운영의 밑거름이 된다. 지역자활센터의 성공적인 사업 운영의 성과는 지역에 귀결된다. 그리고 이는 다시 순환 과정을 통해서 지역자활센터로 귀결된다. 즉, 지역자활센터의 지역과의 관계 맺음을 통해서 확보하는 신뢰는 지역과 지역자활센터의 선순환적인 발전에 기여한다.

사례기관 9는 자활사업은 전국적인 규모화보다는 지역을 지향해야 성공할 수 있음을 지적한다. 그것은 지역과의 밀접한 관계맺음으로 지역에 기여할 수 있기 때문이다. 이는 지역 내에서 기관의 신뢰와 직결되면서, 지역과 지역자활센터의 선순환적인 발전을 낳는다.

나는 이렇게 생각을 해. 일단 그게 뭐 지역밖에 나가면 더 안 된다는 뭐… 지역에 장점들이 있다… 사업을 하더라도 지역에 있으면서 훨씬 더 책임감 있게 해야 하거든. 관계를 갖고 일하니까, 관계에 대해서 바르바르 피드백이 오잖이요. 오고 또 지역을 우리 같으면 돈이 좀 남으면 지역사회에 환원을 하거든요. 도시락… 뭐 여러 가지 주로 ○○○○을 많이 돕죠.(모법인의 다른 지역 활동을 돕는다는 의미임 — 필자 주) ○○○○을 돕고 경우에 따라서 다른 자활사업단 가서 도와주기도 하고. 지역사회 단체로서 행사 같은 거 할 때 기부도 하고. 지역사회에서 이제 돈 벌어놓은 걸 지역사회에 환원도 시키고 실제 돈 벌 때 지역사회 도움으로 돈을 또 벌고. 훨씬 더 관계가 아주 밀접한 관계 되는 그런… 그렇게 했을 때 이 하나의 사회적 기업이 생겼을 때 어떤 거는 단순하게 일자리로서만이 아니라 실제 지역사회를 풍성하게 만들어주는… 지역사회연대활동들을… 그 기능이 있기 때문에.(사례기관 9)

사례기관 9가 수행한 지역사회 환원은 종종 지역자활센터들의 사업 운영에서 찾아볼 수 있는 경우이다. 그러나 이러한 활동은 일회성으로 하기보다는 전략적으로 할 필요가 있다. 가령, 사례기관10은 지방자치단체에서 운영하는 장학재단에 지정기탁을 하고 심사위원으로 참여한다. 지방자치단체와 지역에 좋은 이미지를 줄 뿐 아니라 지역의 공공조직에 참여해 영향력을 행사하는 것이다.

응답자: ○○시 △△△복지재단이 있어요. 시가 만든 건데… △△△복지재단한테 기탁 딱 해요. 그리고 우리주민들하고 지역주민들하고 균형 있게 장학금을 배분을 딱 하는 걸 저희가 심사위원으로 들어가요.
질문자: 지정기탁이 아니라 자활지원 참여자들에 대한 지정기탁이 아니라 다른 시민들에게도 돌아가는…

응답자: 그렇게 했어요. 지정기탁을 하는 건데 퍼센트를 나누는 거죠. 우리주
　　　민들한테 일부, 나머지는 지역주민들. 그래가지고 공모를 받아서 복지
　　　관한테 협찬을 사람 추천을 받아요. 그러면 지역자활센터가 드러나잖
　　　아요. 지역사회에 가난한 사람들이 가난한 사람들의 힘으로 지역의 어
　　　려운 분들한테 다시 나누는 일을 하고 있는 것들을. 계속적으로 하나
　　　하나 보여주는 것을 통해서 사회복지대상자는 국가에서 사회에서 낙
　　　인받는 사람이 아니라 지역에 이렇게 의미 있는 일을 있는 사람으로
　　　보여주고 싶은 거죠.(사례기관 10)

　한편, 사례기관 13은 지역 내에서 신뢰가 있을 경우 관계가 형성되는 지
역 자원에게 성취감을 제공해줄 수 있음을 제기하며, 이를 지역자활센터
의 성공이라고 평가한다.

　　그래서 이걸 하면서 집짓기도 저희들이 많은 단체들이 지원을 받아요. 뭐 니
　가 설계 잘하면 설계도 그려줘. 주민들 같이… 그러면 자기들도 뿌듯하잖아요.
　그죠? 참여할 수 있으니까… 그리고 이제 '사랑의 연탄 나눔'도 자기가 직접 현
　장에서 나눠주는 기쁨이 크잖아요. 그죠? 그런 것들 이제 정서적으로 ○○자활
　(기관 명 ─ 필자 주)이 지역주민과 같이 하는 걸로 끊임없이 간다. 그리고 아까 말
　씀드린 것처럼 지역화라는 게 될 거 아니에요. 지역의 가장 전망 있는 사업을 선
　도해 나가든지. 그죠? 그런데 그건 우리가 선도할 수 없잖아요. 그러면 지역주민
　들이 삶에서 ○○자활(기관 명 ─ 필자 주)이 굉장히 중요하다. 그러면 지역자활이
　굉장히 성공한 거 아니에요? 그죠? 저희들은 모든 활동이 그렇게 좀 아까 신뢰를
　판다고 하는 것도 결국 그런 거죠. 그죠? 믿음을 팔아야지…(사례기관 13)

이밖에 사례기관 12는 앞으로 사업을 조직해나가는데 있어서 지역의 의

견을 청취할 것을 고민 중이다. 지역과 지역자활센터 간의 소통의 강화가 필요하다는 인식이다. 소통은 신뢰 구축의 출발이 되는 지점이나.

> 그러니까 다른… 그… 단체나 조직들한테도 물어보면 뭐 했으면 좋겠는지, 어떤 게 필요한지를 묻고 그런 사업들을 좀… 해본다든지, 이런 방식으로 이제 지역과 지역이 필요로 하는 일을 우리가, 사실 그동안 자활 사업들은 대체로 지역이 필요로 하는 일들이었다고 저는 생각해요. 그렇지만 보다 더 그 방식을 한 번 더 그 때는 우리가 해서 이거 필요… 하고 이걸 이용해라라고 했다면, 지금은 이제 오히려 들어보는 방식을 택하려고. 그러니까 그것도 좋겠다. 그러니까 그… 똑같이 한방 마사지를 한다. 만약에 그렇더라도 그때는 우리가 그냥 계획 세워서 했잖아. 그렇다면 이제 이번에는 다른 사람들의 의견을 물어보는 거지. 뭐가 있으면 좋을까. 그래서 그 중에 하나를 우리가 하면, 예컨대 질문을 받았던 사람은 아, 내 의견이 반영된 사업이네 이렇게 느낄 수 있잖아. 뭐 그런 형식도 좋고.(사례기관 12)

지역자활센터에게 있어 지역은 활용할 자원이 존재하거나 재화와 서비스를 판매하는 곳이 아니다. 지역은 지역자활센터가 존재하는 곳이고, 관계 맺음의 대상이다. 지역자활센터가 지역으로부터 신뢰를 확보하지 못한다면, 존재 기반을 상실하는 셈이다. 그런 의미에서 지역에서 신뢰를 구축하기 위한 다양한 모색은 지역자활센터의 활동에서 매우 중요하다.

2) 기관 구성원 간 신뢰 형성

사례기관들에서 공통적으로 나타나는 모습은 종사자들의 장기근속 경향이다. 기관 종사자들의 근속 기간이 5년 가량 된다는 응답이 가장 많았다. 2002년에 지정을 받은 사례기관 17의 경우는 창립 멤버가 50%는 된다고 응답하기도 했다. 사회복지 현장의 일반적 경향이기도 하지만 지역자활센터 종사자들의 이직률은 높은 편이다. 높은 이직률은 사업의 단절을 낳을 수밖에 없어 기관의 사업 운영에도 장애를 초래하며, 궁극적으로는 지역자활센터의 제도적 목적인 탈빈곤에도 부정적인 영향을 미친다. 결국 제도의 성공을 위해서도 지역자활센터 종사자들의 근무환경은 개선되어야 한다.

그러나 사례기관들은 같은 조건 속에서도 상대적으로 높은 장기근속 경향을 보인다. 사례기관이 모법인이나 지정년도, 지역규모, 사업 운영 방식 등이 다양함에도 불구하고 이처럼 공통적으로 장기근속 경향을 보이는 것은 기관의 문화가 종사자들의 근무 수행에 긍정적으로 작용하기 때문인 것으로 보여진다.

사례기관 18은 언뜻 보기에는 실무자들의 업무 부하가 심할 수 있는 기관이다. 회의를 강조하는 사례기관 18은 참여자 대표들까지 포함하는 끝장회의를 종종 한다.

> 응답자: 저희가 회의를 아주 열심히 하는 조직이거든요. 저희 실무자들도 그렇고, 주민들도 그렇고, 저희가 야간회의를 대개…
>
> 질문자: 야간회의를요?
>
> 응답자: 네 보통 7시부터 11시-12시까지 회의를… 끝장회의를 많이 하는 편이에요.(사례기관 18)

그러나 사례기관 18의 회의는 구성원들 간에 목표의식의 공유와 원활한 의사소통을 이끌어낸다. 그러다보니 업무에 대한 열정이 발생한다. 물론 회의만이 이를 가능하게 하는 것은 아니다. 실무자들에게 많은 자율권을 주며, 인적자본 향상을 위한 기회도 제공한다.

그니깐 회의를 많이 한다… 회의를 많이 하니깐 각자 따로 놀기보다는… 목표 의식이나 그런 것들이 되게 잘 맞는 조직이다… 그 다음에 의사소통이나 다른 것에 비해서 소통이나 자기표현이 살뇌는 조직이다… 그러다보니깐 일을 쭉 진행을 할 때 힘 있게 밀어붙이는… 뭐 늦게까지 일하고 헌신적으로 일하고. 이러는 것을 두려워하지 않고 그런 분위기… 그렇게 일하지 않으면 더 이상한 것 같은 그런 분위기… 그런 게 있지 않나… 게다가 주민들 중심으로 가야 된다~ 아니면 개인적인 욕구보다는 모범적으로 일을 해야지만 주민들하고 같이 일할 수 있다. 뭐 이런 것들을 전임 관장님에서부터 계속~ 알게 모르게 일하면서 젖어있는 그런 게… 우리조직의 역동성이 아닌가 …(중략)… 저희는 외근이나 네트워크나 교육 가는 것에 대해서 거의… 본인이 하겠다고 하면 말리지 않죠, 가능하면 모든 기회를 가지고, 그런 거를 할 수 있도록… 자율성, 권한을 되게 많이 주는 편이에요. 문제를 일으키지 않는 이상은… 본인의 선택이나 본인이 판단하고 이런 걸 굉장히 많이 존중을 하는 편이죠. 그런 게 좀 자유롭죠.(사례기관 18)

사례기관 12는 센터장이 실무자들의 업무에 큰 관여를 하지 않는다. 자칫 방임으로 비칠 수도 있으나 그만큼 기관의 구성원 간에 신뢰가 형성되었음을 의미한다.

우리 기관은 되게 어… 인간적이라는 거지. 그러니까 저로부터 모두 다 아래로 내려가면서도 이게 자칫하면 느슨하다고 말 할 수도 있지만, 예를 들어서 뭐 되게 빡빡하게 안 하는 부분이 있어요. 그러니까 뭐 무슨 일 있다고 하면 예를 들어서 아주 사소하지만 오늘 애 데리고 병원에 가야 한다고 하면 뭐 그냥 가라고… 이런 부분이 이제 자유로운 측면이 좀 있죠. 근무 태만이라고 안 하고. …

(중략)… 저 별로 관여 안 해요. 자기완결적으로 하라고… 소신껏 일하고 책임을 내가 진다고 뭐 이런 정도지. 그런데 그런 부분… 그러니까 일이 있으면 밤을 새는 건 다 알아서 하는 거지. 일을 내버려 두거나 그러지 않고.(사례기관 12)

신뢰는 상호간의 기대와 의무를 발생시킨다. 역으로 신뢰가 낮다면 의무와 기대도 낮다. 그래서 신뢰가 낮으면 공식적이고 위계적인 관계로 문제를 풀어갈 수밖에 없다. 신뢰가 높으면 자율적으로 문제를 풀어간다. 그래서 기관의 문화에서 자율성을 강조할 수 있다는 것은 구성원 간 신뢰가 그만큼 쌓였음을 의미한다. 그러면 구성원 간의 높은 신뢰는 어떻게 형성되는가? 앞에서 사례기관 18은 회의가 목표의식의 공유와 원활한 의사소통을 이끌어내는 기제라 했다. 구성원들이 높은 장기근속 경향을 보인 사례기관 5도 공통적인 분석을 제시했다.

한마디로 고달프죠. 그 대신… 자활사업에 관해서 제가 갖고 있던 비전들 있잖아요? 자립적 공동체를 구축하는 비전이라던지, 그리고 자활센터가 지역개발센터라고 하는 그런… 분명한 사회적 미션이라던지. 이런 것들을 직원들한테 늘 이야기를 해서 공유를 하도록 했고. 뭐, 직원들이 그것을 받아들여서 적극적으로 쓰는 직원들도 있고 그렇지 않는 직원들도 있었습니다만. 그러나 내가 왜 이 일을 해야하는지에 대해서는 목표의식을 갖고 있었죠. 다… 그리고 직원들한테… 자율성을… 자율권을 굉장히 많이 줬어요. …(중략)… 그리고 인제 뭐… 문제가 있으면… 조직적 결속력이 굉장히 중요하잖아요. 그죠? 보면은 우리직원들도 사람들이다보니깐 서로 좋아하는 사람 싫어하는 사람 … 조금 몇 명 안 되는 분위기에서 있을 수 있잖아요… 그럼에도 불구하고 어쨌든 그것들은 개인적이 견해차이 뿐이고… 조직 전체의 가치라던지 그런 거 같이 공유하는 쪽으로 끌고 가다 보니깐… 그런 부분이 있더라도 그냥 넘어 가더라구요.(사례기관 5)

물론 어느 한 개인이 장기근속을 한다면 여기에는 여러 이유들이 존재할 수 있다. 그러나 개인의 경험이 아니라 조직의 경험이라면, 이는 기관의 문화가 중요한 영향을 미칠 가능성이 크다.

사례기관들은 실무자들에게 비전을 제시하고 사업의 목표를 공유할 수 있도록 했으며, 교육에의 적극 참여 등 여러 기회들을 제공했다. 그리고 원활한 의사소통을 중시했다. 이는 실무자들의 상황 판단력을 높이게 된다. 실무자들의 높은 상황 판단력은 자연스럽게 업무 수행에서 자율성의 범위를 넓힌다. 이처럼 자율적인 기관 운영이 문화로 자리 잡으면 구성원들의 신뢰는 높아지고 이는 높은 조직몰입도로 이어진다.

사례기관에서 실무자들의 장기근속이 공통적으로 나타난다는 것은 우연이 아니다. 같은 제도적 기반에도 불구하고 타 기관에 비해 장기근속 경향이 나타난다는 것은 이들의 기관 문화가 제도의 취약한 부분을 극복할 수 있는 장점이 있음을 의미한다. 이를 한 마디로 정리한다면, '구성원 간 신뢰의 형성'이다. 조직의 어떤 결과물도 그것은 구성원들의 상호작용의 결과물이다. 그런 점에서 볼 때 지역자활센터 내부 구성원들 간의 신뢰 형성은 지역자활센터의 모든 사업 운영에서 가져야할 문제의식의 출발점이라 할 수 있다.

4. 소결 : 사례기관에서 추출한 지역화 실천의 목표, 행위, 결과물

사례기관들의 활동을 분석한 결과는 다음과 같다. 일단, 지역화 전략을 수립하기 위한 영역으로 타겟집단과 지역문제, 기관이 도출되었다. 사례기관들의 활동 속에서 이 세 영역이 도출된 것은 다음과 같이 해석할 수 있다.

타겟집단은 지역자활센터의 사업에 참여하는 이들, 즉 빈곤층이다. 지역화 전략 수립에서 타겟집단을 빼놓는다는 것은 불가능하다. 바로 지역자활센터의 존재 근거이기 때문이다. 이어서 지역문제가 영역으로 들어간다. 지역화 전략은 지역문제에 개입해서 지역이 신자유주의적 세계화와 중앙집중형 사회시스템에 저항할 수 있도록 하는 것이다. 마지막으로 기관이 지역화 전략을 위한 영역이다. 지역자활센터가 지역화 전략을 수립한다는 것은 지역자활센터가 지역문제에 주체로서 개입함을 의미한다. 따라서 주체에 대한 논의를 하지 않을 수 없다.

이를 좀 더 구체적으로 살펴보면 다음과 같다.

먼저, 타겟집단과 관련한 시도는 크게 두 가지로 구분되었다. 하나는 '자활사업 참여자에서 지역의 주체로 재구성'이며, 또 하나는 '지역과 참여자의 상황을 고려한 탈빈곤 경로의 설정'이다.

전자는 빈곤층이 경험하는, 그리고 빈곤의 악순환에서 빠져나오지 못하게 만드는 사회적 배제를 지역자활센터가 극복할 수 있도록 해야 한다는 문제의식과 결부된다. 이러한 문제를 해결하기 위한 지점이 바로 지역의 주체적 시민으로의 자리매김을 위한 지역자활센터의 노력이다. 이의 일환으로 사례기관들은 다양한 방식의 교육을 진행하고 있으며, 때로는 주민자치조직의 결성을 유도하거나 지원하기도 했다. 또한 기관 내부에서 자활사업 참여자들의 자기결정력을 강화시키기 위해 기관 내부에 기구를 만들거나 다양한 프로그램을 시도하고 있다. 경우에 따라서는 고용-피고용이라는 지역자활센터와 자활사업 참여자의 구조적 관계를 극복하기 위해 기관 외부에서 동등한 지역 구성원으로 만날 수 있는 조직화 방법을 모색하고 있기도 했다. 이러한 활동의 결과물은 자활사업 참여자들의 자치능력 배양과 자율성 확대, 그리고 동등한 지역 구성원으로의 자리매김이다.

후자는 경제적 문제에 대한 해법이다. 많은 경우 지역자활센터들은 자활사업단의 운영을 일반적인 노동시장 진입자들로 구성된 조직과 차별성을 갖지 않은 채 운영한다. 사례기관들은 축적된 지역 조직화가 자활사업의 시장으로 자리매김할 수 있는 방안을 모색하는가 하면, 자활사업 참여자의 욕구와 상태를 고려한 탈빈곤 경로를 구성하려 노력하고 있다. 이러한 활동의 결과물은 지역 내부의 상황이 자활사업 참여자의 탈빈곤에 기여하도록 하는 것과 자활사업 참여자의 탈빈곤 경로의 확대이다.

두 번째로 지역문제와 관련한 시도는 크게 세 가지로 나타났다. '대안경제로 지역 경제와 자활사업 재구성 시도', '지역 네트워크로 지역 주체의 재구성 시도', '농촌에서 복지공급 주도자로서 역할'이다.

먼저, 대안경제로 지역 경제와 자활사업을 재구성하려는 시도는 신자유주의적 세계화와 중앙집중형 사회가 갖는 문제점을 돌파하기 위한 활동을 경제적 측면에서 접근한 것이다. 지역자활센터가 자활사업을 통해 재화와 서비스를 생산하는 '생산조직'이라는 점이 주요하게 작용한 것이다. 주요 활동은 '지역순환경제시스템의 구축', '커뮤니티비즈니스에 대한 모색', '지역 내 사회적경제네트워크의 구성' 등으로 나타났다. 그러나 이러한 활동들은 분리된 것이 아니라 서로 밀접하게 연결된다. 커뮤니티비즈니스에 대한 모색이나 지역 내 사회적경제네트워크의 구성이 갖는 문제의식이 주로 지역순환경제시스템의 구축으로 이어지기 때문이다.

신자유주의적 세계화와 중앙집중형 사회시스템이 가져오는 문제점, 즉 효율성 추구와 획일화는 거대자본에 의한 지역의 지배를 필연화시킨다. 그런 의미에서 대안경제로 지역 경제와 자활사업을 재구성하려는 시도는 거시적으로는 지역의 자율성과 지속가능성을 확대시키고 미시적으로는 자활사업에 적합한 시장을 창출하는 데 기여할 가능성이 크다. 다만, 이 활동의 상당 부분은 현재 모색 중이거나 실천의 범위가 크지 않은 실정이기 때문에 현 단계에서는 일종의 지역 비전으로 판단해야할 수준이다.

이어서 지역 네트워크로 지역의 주체를 재구성하려는 시도는 흩어져 있는 지역 내 각 주체들을 연결시켜 지역을 활성화시키고자 하는 문제의식과 결부된다. 지역자활센터가 생산하는 재화와 서비스, 지역자활센터에 고용되어 있는 적잖은 인원 등을 활용해 지역 내 매개자로서의 역할을 할 수 있는 가능성을 사례기관들은 확인해준 셈이다. 사례기관들에서는 매우 다양한 영역과 방식으로 지역 내부에서 네트워크 활동을 수행하는 점이 엿보인다. 물론 이 활동은 많은 시간과 노력을 투자해야 하며, 가시적인 성과가 있는 것도 아니다. 그러나 이러한 활동은 자활사업의 지지기반을 확대한다. 뿐만 아니라 지역 시민사회의 역량을 강화시키기도 한다. 네트워크는 혼자서는 갖지 못한 힘을 관계 속에서 발생시키기 때문이다. 이 역시 거시적으로는 지역의 자율성과 지속가능성을 확대시키면서 지역의 역량을 강화하고, 미시적으로는 자활사업에 적합한 시장을 창출하는 데 기여할 가능성이 크다.

세 번째 시도는 농촌 지역에 해당하는 문제이다. 농촌에서 복지공급의 주도자로서의 역할이라는 목표는 농촌 지역에 위치한 지역자활센터들에게 제시되는 실존적 과제이기도 하다. 취약한 농촌의 지역 상황에서 지역자활센터는 매우 비중있는 조직이다. 농촌 지역에 위치한 사례기관들에서는 특히 복지공급과 관련해서 의미있는 실천들이 나타났는데, 이러한 활동은 농촌의 지역자활센터들이 농촌 문제 해결의 주요 주체로서 역할을 할 수 있음을 보여준다.

끝으로 기관과 관련한 시도는 '지역에서 신뢰를 구축하는 것'과 '기관 구성원 간 신뢰를 구축하는 것'으로 나타났다. 전자는 지역자활센터가 지역의 조직이라는 실존적 지위에서 비롯된다. 지역자활센터는 필연적으로 지역과 관계를 맺을 수밖에 없는데 사례기관들은 지역으로부터 신뢰를 획

득하는 것을 성공적인 관계맺음으로 보며, 이를 위한 노력을 강조했다. 지역으로부터 신뢰를 획득한다면 이는 자활사업의 지지기반을 구축할 것이라 볼 수 있다.

후자는 지역자활센터가 결국은 사람들로 구성되기 때문에 나타나는 문제의식이다. 기관의 리더가 아무리 좋은 미션을 제공하고, 기관의 임무가 아무리 막중해도 기관의 구성원들이 서로 신뢰하지 못하면 활동은 불가능하다. 따라서 기관 구성원 간에 신뢰를 구축하는 것은 지역자활센터의 중

〈표 4-9〉 지역화 실천의 목표, 행위, 결과물

영역	목표	행위	결과물
타겟 집단	자활사업 참여자에서 지역 주체로의 재구성	- 주체로서의 역할 함양을 위한 다양한 형식과 내용의 교육 - 주민자치조직 결성 - 기관 내부에서 자기결정력 강화 도모 - 자활 외부에서 새로운 관계 형성을 위한 조직화	- 자치능력 배양과 자율성 확대 - 동등한 지역 구성원으로 자리 매김
	지역과 참여자의 상황을 고려한 탈빈곤 경로 설정	- 지역의 상황을 반영하고 축적된 지역 활동을 활용한 사업 운영 - 자활사업 참여자의 욕구와 상태를 반영한 사업 운영	- 지역 내부의 상황이 탈빈곤에 기여 - 참여자의 탈빈곤 경로 확대
지역 문제	대안경제로 지역 경제와 자활사업 재구성	- 지역순환경제시스템에 대한 전망과 커뮤니티비즈니스, 사회적 경제네트워크 등 지역의 자율성을 강화하기 위한 사업 운영	- 지역의 자율성과 지속가능성 확대 - 자활사업에 적합한 시장 창출
	지역 네트워크로 지역 주체의 재구성	- 지역에 대한 비전을 갖고 지역의 변화를 위해 다양한 집단과 호혜적인 관계 형성	- 자활사업의 지지기반 확대 - 지역 시민사회의 역량 강화
	농촌에서 복지공급의 주체로 역할	- 지역자활센터의 잠재력과 노하우, 역량을 활용해 농촌 지역에서 적극적인 복지 공급	- 농촌 지역 문제 해결
기관	지역에서의 신뢰 형성	- 지역에 기관의 신뢰를 구축할 수 있는 다양한 활동 꾸준히 전개하고 지역으로부터 적극적인 피드백 추구	- 자활사업의 지지기반 구축
	기관 구성원 간 신뢰 형성	- 실무자들에게 비전 제시, 목표 공유, 원활한 의사소통, 자율성 확대	- 기관 운영의 안정성 확보

요한 목표가 된다. 물론 기관 구성원 간의 신뢰는 기관의 안정적 운영으로 귀결된다. 기관의 안정적 운영은 기관이 달성하고자 하는 여러 목표들에 접근하는 것을 보다 용이하게 할 것이다.

V

지역자활센터의 지역화 전략 모델

1. 요약 및 평가

1) 연구 결과 요약

이 책은 지역자활센터의 지역화에 대한 개념을 제시하고 이에 시사점을 제공해줄 수 있는 사례를 찾아 분석해 지역자활센터의 지역화 전략의 실천 모델을 제시하고자 했다. 연구 결과를 요약하면 다음과 같다.

우선, 지역자활센터의 지역화는 지역화에 대한 일반적인 접근과 지역자활센터의 복합적 성격을 참조해서 '각 지역에서 생산·나눔·협동의 이념을 바탕으로 지역의 빈곤층이 갖는 다양한 문제를 해결하기 위해 노력하고 이 과정에서 국가 및 전 지구적 수준의 사회적 이슈와 결합해 신자유주의적 세계화와 중앙집중형 사회시스템이 낳는 사회 문제를 극복하려는 노력'으로 개념을 정리했다.

두 번째, 사례 연구 결과 지역자활센터의 지역화 실천으로는 세 가지 특성을 추출할 수 있었다. 사례기관에서 추출한 첫 번째는 타겟집단인 자활사업 참여자들의 위상과 역할에 대한 대응이다. 사례기관의 사업 운영 속에서 자활사업 참여자를 지역의 주체로 재구성하려는 다양한 시도들을 엿볼 수 있었으며, 이들의 탈빈곤 경로를 지역 내의 다양한 사회적 자원의 조직화를 통해서나 이들의 욕구 및 상태를 고려해서 설정하는 모습이 나타났다.

사례기관들의 활동에서 추출해낸 두 번째는 지역문제에 대한 분석과 대응이다. 사례기관의 사업 운영 속에서 대안경제로 지역 경제와 자활사업을 재구성하는 면모를 엿볼 수 있었으며, 지역 내에서 활발한 네트워크 활동을 통해 지역의 주체를 재구성하려는 시도를 엿볼 수 있었다. 또한 농촌 지역의 사례기관에서는 지역 내 복지 공급의 주도자로서의 역할이 나타났다. 사례기관들의 지역 문제에 대한 이와 같은 대응은 거시적으로는 지역의 자율성과 지속가능성을 확대시키면서 지역의 역량을 강화하고, 미시적으로는 자활사업에 적합한 시장을 킹출하거나 시역에 기여하는 역할이라고 할 수 있다.

사례기관들의 활동에서 추출해낸 세 번째는 기관에 대한 신뢰의 획보이다. 사례기관의 사업 운영 속에서 지역 내에서 신뢰를 구축하려는 다양한 시도를 엿볼 수 있었으며, 이들은 공통적으로 장기근속을 하는 종사자들이 많았다. 이런 점들은 지역 내에서 지지기반을 확보하고 안정적으로 기관을 운영해나갈 가능성을 크게 한다.

사례기관들의 지역화 실천을 통해 수립한 지역자활센터의 지역화 전략 실천 모델은 다음 절에서 소개한다.

2) 연구의 한계와 성과

사례기관들은 복수의 추천자들로부터 추천을 받아 탐방을 했기 때문에 지역화 전략과 관련해 시사점을 제공해줄 수 있는 기관들이다. 다만 사례기관들에서 나타나는 모습이 현재 지역자활센터의 일반적인 모습은 아니다. 또한 제시된 시사점은 말 그대로 시사점이므로 지역자활센터들은 이를 창조적으로 활용해야 한다.

한편, 사례기관들의 모든 면이 지역화 전략에서 시사점을 제공해줄 수 있었던 것은 아니다. 실제 사례기관들 중에서도 이 연구에서 추출해낸 점들을 제외한다면, 비사례기관들과 별 차별성이 없는 경우가 많았다. 게다가 공통적인 점을 추출하다보니 사례기관에게 질문했던 내용 중의 상당수를 제외시켜야 했다. 또한 사전 조사가 있기는 했으나 1시간 30분~2시간가량 소요된 1회의 면접으로는 사례기관의 사업 운영을 심층적으로 분석하는데 한계가 있을 수밖에 없었다.

그럼에도 불구하고 이 연구는 몇 가지 성과를 갖는다.

첫 번째, 지역자활센터에게 있어서 지역화란 무엇인지에 대한 개념 정의를 시도했다는 것이다. 어떤 조직이 내부 합의 없이 추상 수준이 높은 용어를 빈번하게 사용하면, 종종 다른 내용을 하나의 용어로 사용하게 됨을 발견하게 되곤 한다. 그런 의미에서 거칠게나마 지역자활센터의 지역화에 대한 개념 정의를 시도한 것은 이 연구의 성과다.

두 번째, 지역자활센터의 사업 속에서 지역화와 관련한 시사점을 찾아냈다는 것이다. 막연하게 지역화를 고민하기보다는 실제 활동 속에서 지역화와 결부될 수 있는 지점을 찾아내고 이를 현장에서 창조적으로 적용해낼 때 지역화는 가능하다. 그런 점에서 지역자활센터의 사업 속에서 시사점을 찾고 이를 공유할 수 있는 기회를 가진 것은 이 연구의 성과이다.

끝으로 면접 조사 방식을 통해 사례기관의 사업 운영 방식이나 지향에 대해서 생생하게 접근할 수 있는 기회를 가졌고 일부에게만 알려졌던 사례기관의 사업 운영 방식이나 지향을 각 지역자활센터 및 자활사업에 관심 있는 이들, 그리고 자활사업 관계자들과 공유할 수 있는 기회를 가졌다는 점도 이 연구의 성과이다.

2. 제언 : 지역화 전략 실천 모델 개발

굴이 회수를 건너면 탱자가 된다. 지역은 매우 다양한 실체이다. 따라서 어느 지역자활센터의 활동이 지역화의 모범으로 평가받는다고 해서 다른 지역자활센터들이 그 방식을 그대로 수용하는 것은 위험하다. 요컨대 지역화의 전형은 없는 것이다. 그럼에도 불구하고 지역자활센터와 자활사업의 미래를 위해서 지역화 전략의 실천 모델을 제시하는 것은 필요하다. 그러나 이하에서 제시하는 지역화 전략 실천 모델은 현장에서 창조적 적용을 하기 위한 일정한 틀 정도로 생각하는 게 맞다. 개별 지역자활센터의 지역화 실천은 지역의 상황과 기관의 상황, 그리고 자활사업 참여자의 상황에 맞게 구체적으로 구성되어야 한다

1) '지역화'의 개념 정의

일단 확인해보자. 이 책의 2장에서는 자활사업의 역사, 지역자활센터의 성격, 기존의 논의 등을 고려해 지역자활센터의 지역화에 대한 개념을 다음과 같이 정의했다.

지역자활센터의 지역화는 '개별 지역자활센터들이 해당 지역에서 생산·나눔·협동의 이념을 바탕으로 지역의 빈곤층이 갖는 다양한 문제를 해결하기 위해 노력하고 이 과정에서 국가 및 전 지구적 수준의 사회적 이슈와 결합해 신자유주의적 세계화와 중앙집중형 사회시스템이 낳는 사회문제를 극복하려는 노력'이다.

2) '지역화'의 전략 목표

지역화는 일종의 '실천 전략'이다. 따라서 전략적 목표와 이를 달성하기 위한 전술적 실천 방안을 가져야 한다. 먼저 지역자활센터의 지역화 전략의 목표를 정해보자. 지역자활센터의 지역화 전략의 목표는 지역자활센터의 지역화 개념에서 도출되며, 지역자활센터의 조직적 성격이 반영된다.

지역자활센터는 생산·나눔·협동이라는 가치를 조직 운영의 이념으로 하며, 주요 사업 운영 방식은 지역의 빈곤층을 조직해 재화와 서비스를 생

산한다. 2장에서 생산 · 나눔 · 협동은 '일하는 자들의 연대가 창출하는 자율적 보호망의 구축'을 지향하는 것이라 정의했다. 이는 지역자활센터의 사업이 지역의 사업임을 의미한다. 지역자활센터의 사업이 지역의 사업이기 위해서는 지역자활센터의 사업 운영에 지역 내 다양한 주체들이 참여하고 지역자활센터의 활동이 지역 내 각 주체들을 연계시키면서 지역이 대안으로서의 역량을 지닐 수 있도록 모색해야 한다.

그렇다면 지역자활센터의 지역화 전략은 지역자활센터를 중심에 놓고 수립하는 게 아니라 지역을 중심에 놓고 수립해야 한다. 한편, 이 때 지역은 개별 지역을 의미하는 게 아니라 신자유주의적 세계화와 중앙집중형 사회시스템에 대한 대척점으로서의 지역을 의미한다.

이런 점을 반영해 지역자활센터의 지역화 전략의 목표를 설정한다면, '지역을 중심으로 한 사업 운영과 지역 간 연대의 조직을 통해 일하는 자들의 연대가 창출하는 자율적 보호망을 구축'하는 것이라 할 수 있다.

3) 전략 목표 달성을 위한 전술적 실천 방안

전략 목표는 전술적인 실천을 통해 달성이 가능하다. 따라서 지역자활센터의 지역화 전략 목표를 달성하기 위한 전술적 실천 방안이 필요하다. 그러면, 전략 목표 달성을 위한 지역자활센터의 전술적 실천 방안은 무엇일까? 사례 분석을 통해 드러났지만 전술적 실천을 위해서는 세 층위의 구분이 필요하다. 바로 기관-자활사업 참여자-지역이다. 이 세 층위에서 각각의 전술적 실천 방안이 필요하나, 분리되지 않고 유기적으로 결합되어야 한다.

그리고 이 세 층위를 통과하는 일관된 전술적 실천 방안의 키워드(keyword)는 흔히 임파워먼트(empowerment)라고 하는 '역량 강화'이다.

역량 강화가 전술적 실천 방안의 키워드가 되는 것은 그것이 주체를 재구성하는 것이기 때문이다. 역량이 강화되지 않고서는 신자유주의적 세계화와 중앙집중형 사회시스템에 대한 대안으로서 역할을 하지 못한다.

① 기관의 역량 강화

유념해야 할 것은 결국 누가 하느냐이다! 지역자활센터가 지역을 재구성한다는 것은 지역자활센터라는 특정 조직이 어떤 역할을 하겠다는 것을 의미한다. 그래서 지역화 전략의 목표를 달성하기 위한 전술적 실천 방안의 첫째는 '기관의 역량 강화'이다. 기관의 역량 강화는 지역자활센터가 지역에서 주도적인 영향력을 행사하는 것을 지칭하지 않는다. 지역에서 주도적인 영향력을 행사하는 경로는 지역의 성장연합[27]에 참여하는 것이다. 그러나 지역의 성장연합에 참여한다는 것은 신자유주의적 세계화와 중앙집중형 사회시스템에 적극 참여하는 것을 의미한다. 지역화 전략에는 부합하지 않는 방식이다.

사례기관들에서 확인된 기관의 역량 강화는 첫째, 구성원 간의 신뢰를 확보해 기관이 안정적으로 운영되고 둘째, 지역 내에서 적극적인 피드백을 추구하면서 지역의 신뢰를 확보해 자활사업의 지지기반을 구축하는 것을 의미한다. 이는 매우 중요하다. 기관 구성원 간의 신뢰는 기관 내부의 신뢰이며, 이는 결속력의 강화이다. 즉, 외부의 변화로부터 기관을 방어하는 힘이 강해짐을 의미한다. 지역의 신뢰는 지역 내에서 활동 기반의 강화를 의미한다. 이처럼 기관 내외부에서 신뢰를 확보한다는 것은 기관 운영이 안정적임을 의미하니, 기관의 자율성 강화와 직결된다. 결국, 이것이

---

27 성장연합은 행정기관, 지역 언론사, 지역 자본가 등 주로 지역 발전을 외생적 발전 논리에 입각해서 추구하면서 국가 주도의 발전 전략에 적극 참여하고 이 과정에서 지역 내 지배를 재생산하는 집단을 지칭한다.

기관의 역량 강화인 셈이다. 기관의 역량 강화는 지역화 전략 수립의 기초이다.

② 자활사업 참여자의 역량 강화

지역자활센터의 사업에서 타겟집단인 자활사업 참여자의 역량 강화는 지역화에서 중요한 실천이다. 자활사업 참여자는 지역의 빈곤층이다. 이들은 배제를 경험하면서 패배감, 무력감, 우울감을 보인다. 경제적으로 고통스러운 것은 물론이다. 때로는 정신적 고갈상태를 겪기도 한다. 신자유주의적 세계화와 중앙집중형 사회시스템의 가장 큰 피해자이기도 하다. 따라서 이런 상황을 극복하고 지역의 주체로서 자리매김토록 하는 것은 지역자활센터의 역할이자, 그 자체로 지역화 실천이다.

사례기관들은 매우 다양하게 이를 위한 활동을 전개하고 있었다. 조사결과를 바탕으로 자활사업 참여자의 역량 강화를 위한 과제를 좀 더 구체적으로 정리하면 다음과 같다.

첫째, 자활사업 참여자와의 일상적인 접촉이다. 일상적인 접촉을 통해서 친밀감을 형성할 때 기관과 자활사업 참여자 간의 신뢰 구축이 가능하다. 자활사업이 규모화되면서 종사자들의 행정 처리 업무가 매우 많아지고 있어 이런 활동이 쉽지 않음은 분명하다. 그러나 프로그램 중심으로 접촉하는 것은 관료화의 문제를 낳는다. 관료화는 필연적으로 위계적 관계를 낳기 때문에 친밀감의 형성에 어려움을 겪게 한다. 게다가 자활사업 참여자와 고용-피고용의 성격을 갖는 지역자활센터의 성격은 친밀감 형성에 구조적인 장애로 작용한다. 역으로 친밀감의 형성과 신뢰의 구축은 관계의 변화를 의미한다. 따라서 다소 힘들더라도 자활사업 참여자와의 일상적인 접촉을 보다 강화해야 한다. 이럴 때만이 자활사업 참여자의 가능성과 잠재력을 확인할 수 있다.

둘째, 자활사업 참여자와 동반자적인 관계를 형성하는 것이다. 신뢰는 과정에 기초하기도 하지만, 특성에 기초하기도 한다. 일상적인 접촉이 과정에 기초한 신뢰를 구축하는 것이라면, 동반자적 관계는 특성에 기초한 신뢰를 구축하는 것이다. 지역자활센터와 자활사업 참여자가 형성하는 고용-피고용 관계는 제도적 강제이기도 하다. 즉, 제도가 동반자적 관계의 형성에 장애 요인인 셈이다. 그러나 변화는 문제를 극복할 때 가능하다. 제도가 강제하는 고용-피고용 관계를 기관의 노력으로 극복하고 동반자적 관계를 형성할 때 자활사업 참여자의 역량이 강화될 수 있다.[28] 그 누구도 역량의 강화를 주입해서 이룰 수는 없다.

셋째, 기관 내 주민 참여 보장과 자기 결정력을 강화시키는 것이다. Kieffer(1984)는 임파워먼트를 참여의 능력으로 정의했으며, Zimmerman & Rappaport(1988)는 능동적인 개입과 주인의식이 개개인의 심리적 임파워먼트 증진에 기여한다고 지적했다. 이런 점에서 자활사업 참여자들이 기관의 의사결정 기구나 각종 프로그램에 참여해서 발언권을 행사하는 것은 역량 강화를 위한 중요한 실천이 된다. 특히나 역량의 강화는 주입이 아니라 경험을 통해 가능하다. 결국, 기관 내의 일상적인 사업 운영 속에서 자활사업 참여자의 자기 결정력을 강화시킬 기회가 제공되어야 한다.

넷째, 주민자치조직의 결성을 유도하는 것이다. 주민자치조직은 자활사업 참여자들이 스스로 만들어서 운영하는 조직이다. 스스로 만들기 위해서는 현재의 상황을 판단하고 분석해야 한다. 또한 가장 적합한 것은 무엇인지 결정해야 한다. 뿐만 아니라 이 과정에서 동료들의 지지를 얻어내야 하며, 만들어 내는 과정에서 상당히 높은 수준의 협력을 도모해야 한다. 만

---

28 현재 지역자활센터의 종사자 중 상당수가 사회복지사이다. 전통적으로 인간서비스 전문직은 클라이언트와의 관계에서 중립적인 자세를 견지하도록 훈련받아 왔다. 그러나 역량 강화 중심의 접근은 경험의 구성을 돕는 적극적인 동반자 혹은 동료적 관계 형성자일 것을 요구한다.

들고 난 다음의 운영도 쉽지 않다. 문제가 발생하기도 하고 이를 극복하면서 발전시켜야 하는 변증법적 과정을 경험해야 한다.[29] 결국, 주민자치조직의 운영은 그 자체로 역량 강화를 위한 교육이며, 또한 역량 강화의 경험이다. 주민자치조직은 이미 많은 사례들이 있으며, 최근 한국지역자활센터협회 차원의 조직적인 모색도 있어 지역자활센터들이 과거에 비해 접근하기 용이하다.[30]

다섯째, 주민이 주도하는 교육과 프로그램의 운영이다. 기관에서 운영하는 교육과 각종 프로그램은 대부분 종사자들이 기획하고 집행한다. 여기서 자활사업 참여자는 말 그대로 수동적인 참여자이다. 한 마디로 대상(client)인 셈이다. 대상은 주변적 존재이다. 역량의 강화는 주변적 존재에서 핵심적 존재로의 변화를 의미한다. 자신들이 참여하는 교육과 프로그램을 자신들이 판단해서 기획하고 운영할 때 가장 적합한 교육과 프로그램이 가능하다. 그리고 이런 경험이 바탕이 될 때 자신들의 역량을 강화하고 지역의 주체적 구성원이 될 수 있다.

여섯째, 사회 문제와 개인 문제가 서로 연결되어 있음을 이해하고 유기적인 결합을 추구해야 한다. 구조적인 측면에서 볼 때 개인은 사회로부터 자유로울 수 없다. 따라서 그 어떤 개인이 갖는 문제도 개인에게 전적으로 책임이 있는 게 아니다. 사회 문제와 개인 문제는 서로 연결된다. 이런 상황을 자활사업 참여자가 직시할 때 자신이 처해 있는 상황을 극복할 수 있는 방안을 찾아나갈 수 있다. 물론 지역자활센터가 사업을 조직해나갈 때 이러한 인식에 기초해야 한다. 그래서 자활사업에의 참여가 단순히 노동

---

29 개인, 소집단, 조직체 등 그 어떤 것이든 간에 이들과 변증법적 문답을 주고받는 과정에서 의식고양이 일어난다. 이런 관점에서 거대체계와의 협상 과정에서의 의사결정과정에 참여하고 지혜롭고 유능한 업무처리능력을 갖춘 토착적 지도자의 발굴은 지역사회 개발 과정에서 중요하다(Bradshaw, et al., 1994).
30 한국지역자활센터협회는 오래전부터 '자활공제회'를 구상해왔으며, 2009년부터 2010년 출범을 목표로 본격 추진해왔다.

을 제공하고 급여를 받는 임노동의 장이나 자활급여 수령의 장이 아니라 지역 문제에 개입하고, 사회 문제에 개입하는 주체로서 실천하는 장이어야 한다.

일곱째, 지역 속에서 탈빈곤 경로를 설정하고 이를 토대로 자활사업 참여자를 위한 맞춤형 역량 강화의 경로를 설정해야 한다. 많은 기관들이 탈빈곤 경로의 설정을 제도의 틀을 중심으로 생각한다. 자활사업이 국민기초생활보장법이라는 특정의 제도에 입각해있기 때문에 이 제도의 틀을 벗어난다는 것은 쉽지 않다. 그러나 현장에서 충분히 인지하고 있다시피 제도의 틀에 입각한 탈빈곤은 불가능하다. 제도는 활용을 위한 도구로 생각해야 한다.

지역의 가난한 이들을 위한 탈빈곤 경로의 설정은 지역의 시장 상황과 지역에서 조직 가능한 각종 사회적 자원의 수준과 범위, 지역의 미래에 대한 인식 등을 고려해 이뤄져야 한다. 그리고 이를 바탕으로 자활사업 참여자의 욕구와 상태를 고려한 역량 강화를 도모해야 한다. 지역자활센터의 사업 운영은 특정한 지역에서 자활사업 참여자와 함께 이뤄진다. 지역이 빠진 채 탈빈곤 경로를 설정하고 자활사업 참여자의 욕구와 상태를 반영하지 못한 채 역량강화 경로를 설정하면, 자활사업은 실패를 위한 급행열차를 탄 셈이나 마찬가지이다.

여덟째, 지역에 기여할 수 있는 기회 부여를 통한 자존감 및 자기유능감을 고양해야 한다. 자활사업이라는 제도는 자활사업 참여자의 사회적 관계 맺음에는 관심이 없다. 단지, 제도의 틀 내에서 노동을 하고 자활급여를 수령하는 것에만 관심이 있을 뿐이다.[31] 그러나 지역자활센터는 지역의 구성원이자 생동하는 하나의 주체인 자활사업 참여자의 사회적 관계에 관심

---

31 심지어 제도적으로 자활사업의 최종 귀착지인 자활공동체에 대한 참여조차도 자활사업 참여자의 역할이 아니다. 오로지 지역자활센터의 의무일 뿐이다.

을 두어야 한다. 자활사업 참여자의 보다 나은 사회적 관계는 자신의 역량 강화에서 가능하다. 이를 위한 중요한 경로가 지역에 기여할 수 있는 기회의 부여이다. 이를 통해 자활사업 참여자는 좀 더 높은 자존감과 자기유능감을 가지게 될 것이다.

자활사업 참여자의 역량 강화를 위한 과제를 8가지로 구분해 제시해봤다. 이는 단계별 전술로 생각해도 되나, 일상 속에서는 유기적으로 결합해 창조적 적용을 해야 한다. 이 부분에서 무엇보다 중요한 것은 자활사업 참여자들이 지역의 일 주체임을 유념해야 한다는 것이다. 막연하게 '자활의 주체는 주민이다.'라는 인식을 갖는 것은 위험하다. 제도적 한계와 사회적 배제 속에서 경험하는 자활사업 참여자로서의 한계를 직시하고 그럼에도 불구하고 지역의 일 주체로서 자리매김하기 위해서는 어떠해야 하는지에 대한 비전을 갖고 참여자를 조직해야 한다.

③ 지역의 역량 강화

지역화 전략은 결국 지역이 신자유주의적 세계화와 중앙집중형 사회시스템에 대한 저항이 가능하도록 하는 것이다. 따라서 지역의 역량을 강화시키기 위한 노력을 해야 한다. 사례기관들은 지역의 역량을 강화하기 위한 다양한 활동을 전개하고 있었다. 조사 결과를 바탕으로 지역의 역량 강화를 위한 과제를 좀 더 구체적으로 정리하면 다음과 같다.

첫째, 지역을 분석하고 지역에 대한 비전(vision)을 수립하고 이에 입각한 사업계획이 제시되어야 한다. 물론 이 때 지역에 대한 비전은 신자유주의적 세계화와 중앙집중형 사회시스템이 만들어내는 사회적 문제에 지역이 대안으로서 역할을 할 수 있는 방안에 대한 모색이어야 한다.

지역자활센터는 해마다 사업계획서를 작성한다. 이 중에는 중장기 사업계획도 포함된다. 그러나 이 사업계획들이 대체로 자활근로사업을 비롯한 각종 프로젝트를 위한 사업계획이다. 또한 대부분은 이처럼 기관 내부의 각 프로젝트들이 상호 연결되지 못하고 따로 따로 추진되고 운영된다. 게다가 이런 계획이 기여에 대한 엄정한 분석을 기반으로 하지 못하고 외부 사례를 참조하거나 기존에 관행적으로 수립하던 방식을 재생산하기 일쑤이다.

이런 방식에서 탈피해야 한다. 지역에 대한 엄정한 분석을 바탕으로 중장기적인 사업계획을 수립하고 기관의 각 사업들이 기관 내외부에서 상호 유기적으로 연계되어야 한다. 즉, 지역에 대한 비전 속에서 기관의 역할을 정립하고, 정립된 기관의 역할 속에서 기관 내부의 사업들이 상호 유기적으로 연계되어 시너지를 확보할 수 있어야 하며, 이 사업들이 지역의 각급 조직 및 집단과 연계될 수 있어야 한다. 그리고 사업들에 대한 성패의 기준은 '지역에 어떤 의미가 있는가?'여야 한다.

둘째, 활발한 네트워크를 통해 지역 내부의 연대 구축을 위한 매개자로서의 역할을 해야 한다. 네트워크는 개별 기관이나 집단, 또는 개인이 갖지 못한 힘을 창출한다. 자활사업 참여자까지 포함해서 지역자활센터는 상당한 인력이 존재하며, 또 상당한 재원이 투입된다. 이는 지역자활센터의 내부 자원이다. 게다가 지역자활센터는 재화와 서비스를 생산하면서 매우 다양한 사업 영역을 갖는다. 따라서 지역 내에서 개입할 부분이 매우 많다. 이런 점들을 활용해 지역 내에서 적극적인 네트워크를 도모하는 지역의 매개자로서의 역할을 해야 한다.

셋째, 지역 내 사회적경제네트워크의 구축을 시도해야 한다. 사례 분석에서 확인된 것처럼 최근 몇몇 지역에서 사회적경제네트워크를 구축하려는 시도가 확대되고 있다. 바람직한 시도이다. 그러나 아직까지 사회적경제네트워크에 대한 상이 지역마다 기관마다 매우 다르다. 사회적경제네트워크는 지역순환경제시스템의 구축을 목표로 하며, 이를 바탕으로 지역 시민사회의 경제총량을 확대시켜야 한다. 지역자활센터는 재화와 서비스를 생산한다. 이렇게 생산된 재화와 서비스가 개별 자활사업단이나 지역자활센터의 더 큰 경제적 성과에 머무를지, 아니면 지역 시민사회의 경제총량을 확대시키고 지역 내 시민 시장의 구축으로 나아갈 지는 각 지역자활센터에 달려있다. 지역자활센터가 지역화를 실천한다면 사회적경제네트워크의 구축을 통해 후자를 도모해야 한다.

넷째, 지역에 존재하지 않거나 보이지 않는 자원을 적극 조직하는 주체의 재구성을 시도해야 한다. 사람, 정보, 제도, 역사, 문화, 조직 등등. 지역의 역량을 강화시키는 것은 이런 자원들을 발굴하고 가치를 재조명하고 엮는 일이다. 바로 지역 주체의 재구성이다. 이런 자원을 반드시 지역 내부에서만 찾을 필요는 없다. 경우에 따라서는 지역에 취약한 부분을 보완하기 위해 지역 외부와 협력을 도모할 수도 있다. 이 때 외부와의 협력은 연대의 관점에서 도모되어야 한다. 즉, 상호 도움이 되어야 하며 그 결과물이 신자유주의적 세계화와 중앙집중형 사회시스템에 저항으로서 역할을 해야 한다.

참고문헌

강수돌. 2009. 『살림의 경제학』. 인물과 사상사.
김수영. 2006. 「사회운동의 사회복지제도화 과정과 결과에 대한 연구: 민관협력 자활사업의 역사를 중심으로』. 서울대학교 사회복지학과 석사학위논문.
김수현. 2000. "지역사회중심의 자활지원: 그 이상과 현실." 한국사회복지학회 2000년 춘계학술대회 발표문.
김정원. 2008. 『한국의 비영리자활기업조직에 대한 이해』. 한국학술정보.
_____. 2009a. 『사회적 기업이란 무엇인가』. 아르케.
_____. 2009b. "자활사업과 커뮤니티비즈니스." 2009년 자활 한 · 일 심포지엄 자활사업과 커뮤니티비즈니스 자료집. 2009. 11. 17. 고려대 100주년 기념관 국제원격회의실.
김정자. 2007. "자활정책의 지형변화와 지역화." 『2007 교육자료집 자활심화과정』. (사)한국지역자활센터협회.
김홍일. 2002. "자활사업과 지역공동체:자활사업과 지역공동체 운동의 연관성." 《도시와 빈곤》 56:5-16.
라이너 촐. 최성환 역. 2008. 『오늘날 연대란 무엇인가: 연대의 역사적 기원, 변천 그리고 전망』. 한울아카데미.
박상필. 2005. 『NGO학-자율 · 참여 · 연대의 동학』. 아르케.
박희봉. 2009. 『사회자본 : 불신에서 신뢰로, 갈등에서 협력으로』. 조명문화사.
보건복지가족부. 2009. 『국민기초생활보장 2009년도 자활사업안내』.
신명호. 2006. "생산공동체운동의 역사와 자활지원사업." 『자활정책론』. 나눔의집.
신진욱. 2009. 『시민』. 책세상.
유석춘 외. 2003. 『사회자본 이론과 쟁점』. 그린.
원용찬. 2003. "칼 폴라니의 실체경제와 지역문화운동:유통독점자본의 지역화 운동을 계기로." 《문화경제연구》 6(1):27-53.
윤형근. 2005. "사회적 협동 경제와 대안적 기업의 모색." 《환경과 생명》 46:87-104.
이가옥 · 고철기. 2002. 『공동체경제를 위하여』. 녹색평론사.
이문국. 1999. "자활지원센터의 성립과 지역복지적 의의." 《월간복지동향》 1999년 6월호: 6-11.
_____. 2002. 『자활사업과 임파워먼트 실천:자활지원 활성화를 위한 임파워먼트 실천 사례연구』. 나눔의집.
이성 · 정지웅. 2002. 『지역사회조직론-지역사회리더십과 시민운동을 중심으로』. 학지사.
자활정책연구소. 2009. 『2009년 지역자활센터 사업운영실태 및 개선방안 연구』. 자활정책연구소.
전성환. 2007. "지역사회와 시민운동:지역의 재구성 방법론 모색." 《OUGHTOPIA》 22(2): 135-166.
진노 나오히코. 김욱 역. 2007. 『인간회복의 경제학』. 북포스.
최종혁. 2002. "도시영구임대주택지역의 주민조직화 활성화방안: 지역주민대표자의 리더십 강화 프로그램 사례연구." 《한국사회복지학》 51:257-286.
한도현. 1999. "지역사회와 생활사회학: 김일철 교수의 지역사회론과 한국사회 분석." 『한국의 사회구조와 지역사회』. 서울대학교 출판부.
한상진. 2004. "지구화, 공동체, 자활의 전략." 《서울도시연구》5(2):105-116.
호소우치 노부타카 엮음. 장정일 역. 2008. 『우리 모두 주인공인,커뮤니티비즈니스』. 이매진.
황보람. 2007. "한국 자활사업과 사회적일자리 사업에 나타난 국가의 침투성과 시민사회의 저항성-비판이론에 입각한 시론적 연구." 《사회복지연구》 5:32.
Bradshaw, C., Soifer, S., & Cuttierrez, L. 1994. "Toward A Hybrid Model for Effective Organizing in Communities of Color." *Journal of Community Practice*. 1(1).
Kieffer, C. 1984. "Citizen Empowerment: A Developmental Perspective." In Rappaport, C. Swift, & R. Hess(des). *Studies in Empowerment toward Understanding and Action*. New York:Haworth.
Zimmeman, M. A., & Rappaport, J. 1988. " Citizen Participation, Perspective Control and Psychological Empowerment." *American Journal of Psychology*. 16.

찾아보기